traficantes de sueños

Traficantes de Sueños no es una casa editorial, ni siquiera una editorial independiente que contempla la publicación de una colección variable de textos críticos. Es, por el contrario, un proyecto, en el sentido estricto de «apuesta», que se dirige a cartografiar las líneas constituyentes de otras formas de vida. La construcción teórica y práctica de la caja de herramientas que, con palabras propias, puede componer el ciclo de luchas de las próximas décadas.

Sin complacencias con la arcaica sacralidad del libro, sin concesiones con el narcisismo literario, sin lealtad alguna a los usurpadores del saber, TdS adopta sin ambages la libertad de acceso al conocimiento. Queda, por tanto, permitida y abierta la reproducción total o parcial de los textos publicados, en cualquier formato imaginable, salvo por explícita voluntad del autor o de la autora y sólo en el caso de las ediciones con ánimo de lucro.

Omnia sunt communia!

Útiles es un tren en marcha que anima la discusión en el seno de los movimientos sociales. Alienta la creación de nuevos terrenos de conflicto en el trabajo precario y en el trabajo de los migrantes, estimula la autorreflexión de los grupos feministas, de las asociaciones locales y de los proyectos de comunicación social, incita a la apertura de nuevos campos de batalla en una frontera digital todavía abierta.

Útiles recoge materiales de encuesta y de investigación. Se propone como un proyecto editorial autoproducido por los movimientos sociales. Trata de poner a disposición del «común» saberes y conocimientos generados en el centro de las dinámicas de explotación y dominio y desde las prácticas de autoorganización. Conocimientos que quieren ser las herramientas de futuras prácticas de libertad.

Edición original: *Per fare conricerca. Teoria e metodo di una practica sovversiva*, Roma, DeriveApprodi, 2022.

Primera edición en castellano: marzo de 2026

Título: *Para hacer coinvestigación. Teoría y método de una práctica subversiva*
Autor: Romano Alquati
Traducción: Pablo Oliveros Gregorio

Presentación: Devi Sacchetto, Emiliana Armano y Steve Wright, «Coresearch and Counter-Research: Romano Alquati's Itinerary Within and Beyond Italian Radical Political Thought», *Viewpoint*, 27 de septiembre de 2013.

Prólogo: Gigi Roggero

Maquetación y diseño de cubierta:
Traficantes de Sueños
Edición:
Traficantes de Sueños
C/ Duque de Alba 13. C. P. 28012. Madrid
Tlf: 915320928
mail:editorial@traficantes.net

ISBN: 978-84-19833-55-6
Depósito Legal: M-4177-2026

Para hacer coinvestigación

Teoría y método de una práctica subversiva

Romano Alquati

Presentación
Devi Sacchetto, Emiliana Armano
y Steve Wright

Prólogo
Gigi Roggero

Traducción
Pablo Oliveros Gregorio

traficantes de sueños

Índice

Presentación

Coinvestigación y contrainvestigación. El itinerario de Romano Alquati dentro y más allá del pensamiento radical italiano

Devi Sacchetto, Emiliana Armano y Steve Wrigh*

La trayectoria personal, política e intelectual de Romano Alquati (Gambino, 2011)[1] está indisolublemente ligada a la historia italiana de la posguerra, cuando una generación de militantes relegó a un segundo plano la importancia de su propia profesión, buscando en cambio empleos que les permitieran mantener su compromiso político. Al hacerlo, crearon una nueva forma de «ser político» que resultaría un punto de inflexión para las generaciones sucesivas, hasta nuestros días (Alquati en Borio, Pozzi, Roggero, 2002).[2] Esta fue la premisa de una nueva ciencia social en la que el académico y la

---

* Este artículo fue publicado como D. Sacchetto, E. Armano y S. Wright, «Coresearch and counter-research: Romano Alquati's itinerary within and beyond Italian radical political thought», *View-point Magazine*, 27 septiembre de 2013 (disponible online). *View-point* es una revista online de acceso libre bajo los términos de la licencia Creative Commons Attribution Licence (CC-BY).

[1] Queremos agradecer a Ferruccio Gambino sus útiles comentarios. El 15 de junio de 2011 se celebró una conferencia de un día de duración, organizada por compañeros, amigos y colegas, junto con el «Cantiere per l'autoformazione», un organismo compuesto por estudiantes universitarios y doctorandos de la Universidad de Turín.

[2] Entrevista autobiográfica con Romano Alquati, en G. Borio, F. Pozzi, G. Roggero (2002).

«vanguardia» política asumieron la tarea de debatir y criticar la constitución de la sociedad a través de la elaboración teórica y la investigación empírica. Lo hicieron junto con sujetos que ya no eran considerados objetos de investigación, sino subjetividades que desempeñaban un papel activo en la concepción y la realización del cambio social.

Las etapas de la investigación de Romano Alquati pueden periodizarse dentro del pensamiento obrero italiano de los años sesenta y setenta; en términos más generales, se inscriben en la línea del enfoque fenomenológico desarrollado por Enzo Paci y Guido Davide Neri, que cuestionaba los presupuestos filosóficos de la ortodoxia marxista, empezando por sus aspectos más deterministas y filosóficos. Más concretamente, el programa de investigación de Alquati se orientó hacia la renovación radical del estudio de la sociología industrial y hacia el desarrollo de la coinvestigación social en Italia. En las notas que siguen, intentaremos esbozar los aspectos clave de esta empresa.

Los años de formación política e intelectual

Romano Alquati nació en el seno de una familia burguesa de clase media-alta, como él mismo recordó en una entrevista autobiográfica (Borio, Pozzi, Roggero, 2002).[3] Su padre, Carlo Alquati, general del ejército y amigo de Gabriele D'Annunzio, había sido desterrado a Croacia debido a su postura izquierdista dentro del partido fascista; fue allí donde Romano nació y pasó sus primeros años. En 1945, a la edad de diez años, perdió a su padre, ejecutado por los partisanos en Vercelli. El «colapso social» de la fortuna de su familia lo llevó a la pobreza en las muy difíciles circunstancias de la posguerra italiana.

Alquati pasó sus años de formación en Cremona, una ciudad italiana de tamaño medio situada en el centro del valle del Po, que entonces experimentaba una profunda

---

[3] Ibídem.

reestructuración del sector agrícola junto con la progresiva difusión de la industrialización en forma de pequeñas y medianas empresas. Cremona en los años cincuenta era también un auténtico laboratorio político que ofrecía tanto amplitud de horizontes como relaciones sociales y políticas en Italia y en el extranjero, por lo que Alquati tuvo mucha suerte de comenzar allí su militancia política. En particular, los encuentros decisivos fueron los que mantuvo con Danilo Montaldi, luego con Renato Rozzi —que se convertiría en su sabio y paciente «hermano mayor»— y con Giovanni Bottaioli,[4] un viejo militante político internacionalista de la clase obrera (Rozzi, 2011). Según Gianfranco Fiameni, es posible encontrar en Alquati una especie de «proto-obrerismo», «cercano a los procesos reales, a las presencias que encontramos en el periodo de la "fábrica" de Cremona y en muchas lecturas y encuentros».

La experiencia política de Romano provenía de ese componente minoritario pero importante de los *ricercatori scalzi* [investigadores descalzos] de los años cincuenta.[5] Aunque continuaban actuando de manera crítica dentro del movimiento obrero (en particular, los sindicatos), rompieron profundamente con los representantes institucionales de ese movimiento, junto con todos los caminos nacionales hacia el socialismo. Al mismo tiempo, se mantuvieron al margen, sobre todo por razones generacionales, de la oposición «histórica» antiestalinista, anticipando la extraordinaria ruptura que solo maduraría plenamente en 1968. Romano Alquati se formó en un entorno cultural

---

[4] Giovanni Bottaioli (1900-1959) fue un militante comunista de izquierdas de clase obrera, exiliado en Francia durante el periodo fascista. Tras una larga estancia en París, regresó a Italia después de la guerra y fue una figura central para muchos jóvenes que crecieron en la zona de Cremona.

[5] Los *ricercatori scalzi* fueron un grupo de investigadores, folcloristas y activistas políticos italianos, activos principalmente entre los años cincuenta y setenta, dedicados a la búsqueda y documentación de la cultura popular, la música oral y las tradiciones de las clases trabajadoras y campesinas. [N. de E.]

que buscaba un marxismo libre de añadidos, capaz de investigar y comprometerse con la clase obrera tal y como era, en lugar de cómo debía ser según las representaciones canónicas del Partido Comunista. Como ha subrayado Sergio Bologna, los obreristas se vieron obligados a aceptar dos culturas dentro de la «izquierda» italiana: por un lado, la tendencia del Partido Comunista a centrarse en cuestiones relacionadas con la gobernanza del país; por otro lado, la prioridad asignada en los círculos anticapitalistas al apoyo a las luchas de liberación nacional en los países del Tercer Mundo (Bologna, 2011: 211). Al igual que otros obreristas, Alquati se mantuvo alejado de tales perspectivas, prefiriendo seguir a Danilo Montaldi en su investigación sobre la clase obrera, partiendo de la subjetividad de esta última.[6] Si bien esta investigación implicaba en parte el perfeccionamiento de viejas herramientas teóricas, también fue capaz de producir auténticas innovaciones metodológicas. Se rechazaba la investigación positivista, entendida como la mera reproducción de retóricas ideológicas, en favor de una investigación que pretendía construir un nuevo conocimiento junto con los sujetos investigados. Se trataba de un enfoque integral, capaz de aprender de las intenciones, los deseos y los valores —tanto expresados como tácitos— tal y como se manifestaban dentro de la clase. Como dijo más tarde Bologna: «En los años sesenta —la coinvestigación, en mi opinión, tiene que ver con lo

---

[6] Como ha recordado Renato Rozzi, a pesar de su iniciación en el leninismo gracias a su experiencia con Montaldi, Alquati nunca se afilió a ningún partido. Más bien, como afirmó en una entrevista: «Vale la pena saber también que, como muchos otros de los nuestros, nunca sufrí una crisis importante a principios de los años ochenta, y mucho menos con la caída del muro. Pero experimenté una crisis más profunda a mediados de los años cincuenta, en el momento de mi primer encuentro con la religión marxista y socialcomunista, que se produjo mientras buscaba una salida a ciertas trampas y laberintos. La cuestión del fetichismo me parecía más neocomunista (por ejemplo, en 1960) que obrerista: por lo tanto, un obrerismo crítico y experimental», en Borio, Pozzi y Roggero (2002).

que voy a decir— estábamos convencidos de que dentro del cuerpo de la clase obrera ya existía, en su totalidad, el conocimiento de la liberación, la conciencia de la solidaridad, de la cohesión, de la rebelión. Estábamos convencidos de que el conflicto como forma de identidad social formaba parte de la herencia genética de la clase obrera, pero que también existía un recuerdo de duras derrotas y, por lo tanto, se podría decir que había una "prudencia" que había que respetar (Bologna en Borio, Pozzi, Roggero, 2002).[7]

Fuertemente socializado por el entorno político y artístico que le rodeaba desde los veinte años, las primeras experiencias políticas de Alquati bajo la tutela de Danilo Montaldi le llevaron primero a Milán y luego a Turín. Allí participó activamente junto a Raniero Panzieri en el consejo editorial de la revista *Quaderni Rossi*, un momento crucial para la formación de la Nueva Izquierda. Tras la escisión de *Quaderni Rossi*, en 1963 fundó *Classe Operaia* junto con Mario Tronti y Toni Negri, en lo que sería el verdadero lugar de nacimiento de lo que más tarde se conocería como obrerismo [*operaismo*].[8]

El sistema universitario italiano, anteriormente elitista, sufrió grandes trasformaciones durante los años sesenta y setenta, lo que permitió a muchos militantes políticos forjados en el ciclo de luchas que se libraban en las fábricas y fuera de ellas incorporarse a la educación superior, ya fuera como estudiantes o como investigadores. Fue en estas circunstancias que el investigador militante Romano Alquati encontró empleo: primero como personal eventual sin plaza fija, luego como profesor asociado. Al igual que muchos otros compañeros de la época, evitó la carrera

---

[7] Entrevista con Sergio Bologna en Borio, Pozzi, Roggero (2002).

[8] Un análisis de estas revistas puede leerse en «El campo problemático de las revistas "obreristas" de los años sesenta», en Franco Berardi (Bifo), *Últimos fulgores de la modernidad. Trabajo, técnica y movimiento en el laboratorio de Potere Operaio*, Madrid, Traficantes de Sueños, 2024. [N. de E.]

académica como si fuera una plaga: «Nunca quise solicitar una cátedra, sobre todo porque quería evitar las presiones y las condiciones impuestas por la izquierda institucional». Como ha destacado Guido Borio, «durante años sobrevivió como profesor universitario, con un trabajo que atraía mucha atención de los estudiantes y casi ninguna de sus colegas; de hecho, a menudo se encontraba aislado dentro de una academia que nunca reconoció ni aceptó su singularidad intelectual».

Las innovaciones de Alquati

Romano Alquati logró impresionar a un amplio público con una serie de instrumentos y categorías conceptuales. Aquí nos centraremos en algunos de ellos, en particular los relacionados con la subjetividad, la coinvestigación, la ambivalencia y los procesos de hiperindustrialización.

Subjetividad

Un primer tema, claramente relacionado con toda la trayectoria de Alquati, es el «descubrimiento» de los procesos de subjetivación y la «erupción de la subjetividad» dentro de las categorías políticas. Desde finales de los años cincuenta, Alquati frecuentaba las puertas de las fábricas, al igual que otros destacados intelectuales de izquierda, desplazándose entre Milán y Cremona antes de trasladarse definitivamente a Turín en 1960. Turín era la principal ciudad industrial de Italia en aquellos años y sede de la mayor empresa privada del país, la Fiat. En las fábricas de esa ciudad, durante los años sesenta y setenta, surgieron nuevas generaciones con diversas experiencias laborales y vitales a sus espaldas. Muchos trabajadores eran migrantes interiores que habían llegado directamente del sur o el noreste del país, o después de pasar un tiempo en otros países europeos.

En este crisol de experiencias colectivas, Alquati vivió en
estrecho contacto con una nueva figura de la clase trabajadora, esas «nuevas fuerzas» del «obrero masa», potencialmente antagónicas al neocapitalismo, pero también
distantes, tanto en sus comportamientos como en su men-
talidad, del antiguo movimiento obrero. Fue en el seno de
esta colectividad donde se elaboraron categorías fundamentales de análisis, como la composición de clase, y se
propuso un enfoque de estudio / intervención mediante el
«método» de la coinvestigación (Wright, 2002).[9] La construcción social de relaciones personales en el terreno de
una generación de lucha —la generación de los años sesenta y setenta— sería fundamental para comprender las
expresiones y formas de estas subjetividades, que no pueden reducirse a individuos aislados, sino que se habían
transformado en subjetividades colectivas atravesadas
por el contexto.

Esto se puede ver claramente en los importantes ensayos de Alquati sobre los trabajadores de la Fiat, publicados
originalmente en las páginas de *Quaderni Rossi* y *Classe
Operaia* y posteriormente recopilados en la antología *Sulla Fiat e altri scritti* (1975). La Fiat, durante mucho tiempo
bastión de una aparente paz industrial, había destacado
por su continua quietud durante las etapas iniciales del
resurgimiento de la actividad huelguística que marcó los
primeros años de la década de los años sesenta. Sin embargo, gracias a las herramientas de la encuesta y la coinvestigación, Alquati y sus compañeros más cercanos pudie-
ron ofrecer una lectura diferente, que ponía de relieve las
posibilidades latentes dentro del gigante automovilístico.
Por lo tanto, uno de los logros más importantes de Alquati
fue ser uno de los primeros en discernir un cambio de tendencia, encarnado en las «nuevas fuerzas» emergentes. Si
bien se demostró que la base del creciente antagonismo de
estas últimas hacia el modo de producción capitalista era

---

[9] Esta y otras herramientas conceptuales del obrerismo se analizan en Steve Wright, *Storming Heaven: Class Composition and Struggle in Italian Autonomist Marxism*, Londres, Pluto Press, 2002.

una consecuencia directa de su experiencia en el trabajo fabril moderno, Alquati también comenzó a destacar los elementos distintivos que caracterizaban a estas «nuevas fuerzas» como fundamentales para una composición de clase emergente que poseía sus propias culturas y sensibilidades. Así, si las «nuevas fuerzas» solían desconfiar de un movimiento obrero ajeno a sus preocupaciones, esto no significaba que la última generación de trabajadores debiera ser simplemente descartada como esclavos del consumismo que aceptaban dócilmente su suerte en la cadena de montaje:

> Los nuevos trabajadores no hablan de forma abstracta de la revolución social, pero tampoco se inclinan por aventuras neorreformistas que dejan intactas las cuestiones fundamentales de la explotación de clase tal y como las verifican en el lugar de trabajo. (Alquati, 1975: 51)

La trayectoria de Romano Alquati debe leerse en el contexto de la transformación de la composición de clase y su expresión en la composición política: este proceso es lo que representaba el obrerismo. Como ha señalado Sergio Bologna, los «obreristas» buscaban fusionar una interpretación heterodoxa de Marx con la realidad de la fábrica. De este modo, la teoría adquiría un valor instrumental, ya que solo podía existir a partir de este encuentro constante con la dinámica de la producción, consciente de la complejidad y la dureza del trabajo en la fábrica.

El otro estudio influyente de Alquati de principios de los años sesenta se centró en Olivetti, entonces el principal fabricante italiano de calculadoras y otras máquinas comerciales. Este también se llevó a cabo como un ejercicio de coinvestigación, realizado con un equipo de militantes locales del Partido Socialista que se distinguían por su dedicación exclusiva a la autoorganización de los trabajadores. Aunque el texto sobre Olivetti se recuerda más comúnmente como el primero en el que se hizo explícito el discurso obrerista sobre la composición de clase, también es memorable por otras razones. Como ha argumentado recientemente Matteo Pasquinelli, «Composición orgánica del capital y la fuerza de trabajo en Olivetti» contiene un interesante debate sobre el lugar que ocupa la información en la relación capital-trabajo. En esta relación, la información se presenta como intrínseca al proceso de valorización del capital. De hecho, la información es lo más importante [*l'essenziale*] de la fuerza de trabajo: es lo que el trabajador, por medio del capital constante, transmite a los medios de producción sobre la base de evaluaciones, medidas y elaboraciones, con el fin de operar [*operare*] sobre el objeto de trabajo todos aquellos cambios que le dan el valor de uso requerido. La «desechabilidad» del trabajador lo convierte en un índice cualitativo del tiempo de trabajo socialmente necesario, por el cual el «producto» se valora como el «receptor» de una cierta cantidad de «información». El «trabajo productivo» se define por la calidad de la «información» elaborada y transmitida por el trabajador a los «medios de producción», con la mediación del «capital constante», de una manera tendencialmente «indirecta», pero completamente «socializada» (Alquati, 1975).

Al igual que gran parte de la obra de Alquati, este pasaje presenta cierta ambigüedad, pero también muchos aspectos que requieren una reflexión más profunda. ¿Son lo mismo el valor y la información? El texto no profundiza en ello, sino que pasa a diferenciar entre dos tipos de información. En primer lugar, como también destaca Pasquinelli, existe la «información de control», que busca supervisar y regular la producción en pos de mayor acumulación (Pasquinelli, 2011: 5). En segundo lugar, está la información «que constituye el legado colectivo de la clase trabajadora [...] información productiva *tout court*», que el capital, mediante la subsunción del trabajo, intenta transformar en la «información de control» necesaria para la planificación de la producción (Alquati, 1975: 114). A través de todo esto, Alquati trató de sacar a relucir el potencial de antagonismo de clase que yace incipiente y latente incluso en la fuerza laboral más aparentemente atomizada e integrada, siempre con el objetivo de superar lo

inmediato, lo empírico, de superar históricamente el grave
límite político de la parcialidad de un discurso que sigue
siendo interdependiente con la naturaleza parcial y atomizada de las luchas, con el fin de alcanzar esa universali-
dad del discurso que hace que la lucha sea global (Alquati,
1975: 114; 83).

Si en la visión del Partido Comunista Italiano la subjetividad de los trabajadores permanecía dentro de los límites
de las directrices del partido, Alquati siguió a E. P. Thomp-
son al enfatizar que la clase trabajadora debe «entenderse
como un desarrollo continuo: no ser vista como aquello
que debe conquistar el poder, sino como una gran pobla-
ción que debe ser estudiada a un nivel antropológico, en el
desarrollo continuo de las culturas mundiales» (Alquati,
1958).[10] Este discurso sobre la subjetividad es la premisa y
el fundamento de la coinvestigación.

Coinvestigación y composición de clase

La práctica de la coinvestigación es el auténtico eje alrededor del cual giraba no solo la obra intelectual de Alquati, sino también las relaciones políticas que construyó. La
coinvestigación, que surgió a principios de los años sesenta como trabajo de campo militante con los trabajadores de
la Fiat en Mirafiori y otras fábricas del Piamonte (Olivetti,
Lancia), es tanto una actividad de investigación como un
proceso de conocimiento, que implica una transformación
recíproca en la identidad del investigador y lo que comenzó a denominarse subjetividad de los trabajadores. Como
práctica de intervención, situaba al investigador militante
al mismo nivel que el sujeto de la investigación, anulando
la figura separada de la «vanguardia» tan querida por la

---

[10] Un texto poco conocido y difícil de encontrar que demuestra
de manera extraordinariamente eficaz este rasgo decisivo de la
formación de Alquati es «La Festa Contadina. Pescarolo: transizione di una situazione agraria», *Presenza*, octubre-noviembre
de 1958.

lógica de la izquierda. Al hacerlo, reformulaba horizontalmente la relación entre teoría, praxis y organización. Era
una práctica que no podía formalizarse en un método, que
permitía leer, incluso en periodos de pasividad, los signos
de conflicto inminente, la organización informal y las ambivalencias constitutivas que se encontraban en la brecha
entre la composición técnica de la clase (la articulación ob-
jetiva de la fuerza de trabajo) y su composición política.

La coinvestigación representa una «ruptura» epistemológica, en el sentido de que busca superar la división entre
objetividad y subjetividad. Alquati criticaba duramente
a las ciencias sociales que buscaban refugio tras barreras
metodológicas como medio para garantizar su respetabi-
lidad: en contraposición, desarrolló una relación bastante
precisa entre la determinación de un objeto científico, la
línea de investigación, las formas de reflexionar sobre los
datos recopilados y la presentación de los resultados de
la investigación. Sin embargo, como el propio Alquati ad-
mitió, «por el simple hecho de utilizar métodos cualitativos, nunca se me consideró un verdadero científico», una
circunstancia aún más absurda si se tiene en cuenta que
había escrito su tesis sobre métodos cuantitativos en una
época en la que casi nadie en Italia los utilizaba (Alquati
en Borio, Pozzi, Roggero, 2002).

La coinvestigación se hace efectiva a través de su construcción colectiva, ya que es un espacio en el que la subjetividad de los coinvestigadores y los coinvestigados puede
expresarse. La investigación llevada a cabo junto con los
sujetos es, por lo tanto, un proceso abierto y práctico que
facilita la adquisición de conocimientos capaces de desarrollar una actividad común, poniendo en movimiento la
subjetividad de los participantes. La coinvestigación provoca un cambio en las propias prácticas sociales, ya que
implica un conocimiento activo que transforma, en sus
diversos roles sociales, a todos los miembros del colectivo que participan. La coinvestigación es una forma de
contaminación recíproca y de contagio, aunque sea difícil
extenderlo de forma espontánea. La cooperación que se

desarrolla contiene niveles de coordinación recíproca entre los participantes que, según Alquati, necesitan superar explícitamente la dicotomía entre la organización técnica (competencias) y la organización política, donde se pueden tomar decisiones.

La coinvestigación puede considerarse un método político de conocimiento e intervención, la ampliación y el enriquecimiento de las formas de producción y reproducción. Por lo tanto, está claro que implica la participación y la valoración de las competencias de todos los miembros del colectivo, mediante la dotación de un lenguaje común de vinculación. En este sentido, no puede resolverse en un único momento fijo y dado, sino que es una práctica continua que involucra y transforma a los miembros de un colectivo dentro de formas de cooperación y comunicación, más que una organización de cuadros. Como ya había dejado claro Danilo Montaldi en su libro *Militanti politici di base*, el educador debe ser educado no por una escuela del partido, sino por la experiencia cotidiana dentro de la propia clase (Alquati, 1994a: 127).

La coinvestigación es, por lo tanto, un método de actuación basado en un proceso abierto y práctico, en el que la escucha y el diálogo son componentes indispensables capaces de perfeccionar los aparatos teóricos de manera continua, sobre la base de lo que surge del campo (Alquati, 1993). En resumen, la coinvestigación es la conquista del conocimiento desde un punto de vista específico, una perspectiva de clase directa. Implica, por lo tanto, una actividad que permite la construcción de nuevas posibilidades: «La coinvestigación, por su parte, no es más que la investigación colectiva, común, sistemática, rica y potente de las condiciones y modalidades de actualización de un sujeto: es contra-investigación» (Alquati, 1994b: 37).

El método seguido por Alquati, por lo tanto, implicaba hacer que las cosas fueran recíprocamente comprensibles, a través de un proceso abierto capaz de desarrollar las capacidades colectivas de un «actuar juntos» que valora las competencias de todos los miembros de un colectivo. Esta práctica a largo plazo hizo posible la transformación de lo existente —en particular, de las relaciones sociales vinculadas al dominio político— junto con un espacio de contra-cooperación por parte de investigadores con diferentes capacidades de investigación. Frente al conocimiento que el capital utiliza para gobernar, la coinvestigación desarrolla un contra-conocimiento.

La coinvestigación es una etapa en un camino experimental que, según Alquati —provocando a aquellos jóvenes que concibieron cambios a muy corto plazo—, debe desarrollarse dentro de un proceso a largo plazo. La coinvestigación debe sobrevivir a las dificultades individuales, ampliarse, mantenerse como una práctica capaz de involucrar y abrirse a sujetos hiperproletarios múltiples y heterogéneos, arraigándose en el territorio precisamente en el momento en que este se ve atravesado por las oleadas de la globalización (Chan, Pun, 2012: 383-410; Roggero, Zanini, 2012).

Los procesos de industrialización de la actividad humana y el hiperproletariado: los esfuerzos de Alquati por construir una nueva ciencia social

Romano Alquati poseía una capacidad extrema para captar los momentos de ruptura, hasta el punto de sobreponerse a todas las sensibilidades políticas u organizativas. Esto significaba que, ya a principios de los años setenta, miraba más allá de ese periodo, marcado como estaba por la marea alta de las luchas obreras masivas. En cambio, trató de identificar, en los procesos de industrialización de la actividad humana como tal (evidentes en la incipiente terciarización), la reubicación de la subsunción capitalista de la fábrica hacia «la esfera social». Sus estudios sobre la universidad de clase media y el proletariado intelectual datan de esta época y sentaron las bases para investigaciones posteriores sobre la educación, la comunicación y la intelectualidad de masas, los servicios como producto del

capital y la cuestión general de la reproducción mercan-
tilizada de la «capacidad humana viva» (Alquati, 1994a).

Este trabajo abordó el final de un ciclo de composición
de clases y el surgimiento de una fase del capitalismo que
requería ir más allá de las interpretaciones obreristas. El
pensamiento de Alquati se enfrentó a la necesidad de elaborar nuevos instrumentos —en parte a través de un diálogo constante, aunque aislado, con grandes sociólogos como
Alain Touraine y Zygmunt Bauman (en particular, en los
escritos de este último sobre la modernidad líquida)— en el
apogeo de lo que él denominaría hiperindustrialización: en
otras palabras, la subsunción efectiva y creciente de toda la
experiencia humana a la reproducción social.

El nodo clave era el de la ambivalencia: los conocimientos y las actividades pueden adaptarse a la autonomía de
los sujetos, o bien pueden ser expropiados dentro de la codificación del lenguaje técnico-científico formalizado del
capital. La cuestión entonces pasa a ser la de identificar las
condiciones en las que los hiperproletarios, socializados
por las máquinas tecnológicas flexibles de la producción
y reproducción capitalistas, pueden abrirse a una praxis
emancipadora. El estudio de la subjetividad humana, de-
tectable incluso dentro de lo que parecía ser una «jaula de
hierro», permitió a Alquati comprender la ambivalencia
continua del «poder de invención», capaz de permanecer latente durante mucho tiempo, para luego emerger y
estallar fuera de los confines de la sociedad y el trabajo
en momentos de crisis, constituyendo en última instancia
un medio fundamental para alimentar el cambio (Gambino, 1999: 147-151). En los años ochenta, los temas de la
hiperindustrialización y la ambivalencia se abordaron en
seminarios militantes que utilizaban la universidad de
masas como un posible lugar para la producción colectiva
de conocimiento crítico, años formativos para quienes se
convertirían en sus alumnos. La cuestión del aprendizaje y
la formación siguió siendo crucial para Alquati, quien de-
dicó una energía considerable al tema en el curso de Sociología Industrial que impartió hasta 2003 en la Universidad

de Turín. Según Alquati, la formación, por su violencia, moldea, produce y transforma la subjetividad. Frente a los fragmentos de información del tamaño de una diapositiva de Powerpoint, las lecciones de Alquati estaban cargadas de una tensión continua que seguía un diseño conceptual preciso, pero nunca completamente definido: «Una especie de máquina para pensar el presente, con el fin de dar forma al "todavía no" y para intentar imaginar lo "nuevo"» (Pentenero, 2011). Esto implicaba activar conscientemente procesos de interacción y la construcción colectiva del conocimiento. En lugar de limitarse a los estrechos parámetros de la sociología industrial, Alquiati los proyectaba «en el corazón de la fábrica moderna, abordando gradualmente cuestiones de reproducción, consumo, formación y comunicación» (Pentenero, 2011). Su conocimiento, que abarcaba una amplia gama de campos, servía constantemente de estímulo. Al mismo tiempo, solía tratar a los estudiantes como investigadores incipientes por derecho propio, capaces de demostrar dominio sobre sus capacidades y «poder de invención». Como el propio Alquati afirmó una vez en una entrevista en la que criticaba las convenciones de la universidad en materia de formación, «la educación [*didattica*] es un lugar donde se distribuye el conocimiento producido en otros lugares. Es como el comercio, distribuye conocimientos procedimentales prefabricados. ¡Y a los estudiantes les gusta! No comprenden lo pobre que es».[11]

Los últimos escritos inéditos de Romano Alquati tratan sobre los procesos de industrialización de la actividad humana (Alquati, 2000/2003). Estos constituyen su legado más rico, denso y complejo, en el que se puede observar cómo Alquati busca «relanzar el estudio de la sociedad industrial frente a una sociología general que hoy en día "elimina la industrialidad de la actividad", precisamente [cuando] casi una quinta parte de la humanidad se

---

[11] Entrevista con Romano Alquati en la revista estudiantil *La Lente*, Turín, enero de 1990. Véase https://www.machina-deriveapprodi. com/post/uni-versit%C3%A0-e-formazione-standardizzata

encuentra inmersa en la producción industrial» (Gambino, 2011). Una característica del presente es la omnipresencia de la producción industrial, que se impone gracias a procesos disciplinarios extensos a través de los cuales es capaz de moldear las propias capacidades humanas. Esta hiperindustrialidad no ha perdonado ni siquiera a los conocimientos y los procesos educativos dentro de las universidades en los últimos treinta años.

En su texto sobre la sociedad industrial actual, Alquati también somete a crítica el concepto de sociedad de Marx y presenta su propia definición de la fase actual de hiperindustrialización: «Una trama de actividades / trabajos en la que se emplea a (muchos) actores / trabajadores», regulada por una mezcla de mercado y jerarquía (por lo tanto, entre otras cosas, no se trata de una trama de relaciones entre personas). La característica de la sociedad contemporánea es la condición salarial de individuos intercambiables que se enmascaran «como individuos y como personas, hasta el punto de estimular pequeñas falsas autonomías y originalidades externas (a nivel superficial)». En efecto, Alquati destaca cómo la transformación de un individuo en un «presunto individuo» es una característica típica de una época que expulsa el conflicto y lo colectivo de su actividad cotidiana: «La individuación es más fuerte (y más libre) cuanto más encuentra un lugar dentro de un colectivo fuerte y libre, al menos uno con momentos verdaderamente autónomos [...] Cuanto más débiles, vacíos e iguales se encuentran los llamados individuos, más crece la ideología individualista [...] Hay más individuos cuando las luchas proletarias rompen los roles restrictivos a través de los cuales funciona el sistema en un sentido inmediato, que en los tiempos obsesivamente "individualistas" de hoy» (Alquati, 2000/2003).

La insistencia de Romano Alquati en el análisis de las formas de valorización y su atención a lo que definió como *capitale-mezzi* [capital-medios] —es decir, los procesos de incorporación y subsunción [de la información y el saber técnico de los trabajadores como un «medio» o instrumento esencial para la producción de valor]— ofrecen importantes claves interpretativas a través de las cuales leer los recientes desarrollos del capital y la economía en red como una metamáquina (Pasquinelli, 2011: 5). Como argumentó Alquati en su extenso tratado sobre la sociedad industrial contemporánea, el «corazón» de la ambivalencia reside en la fuente misma de la valorización del capital, en el carácter dual no solo del trabajo, sino de la propia persona trabajadora. Marx creía que la identificación de la naturaleza dual del trabajo bajo el dominio del capital era una de sus ideas más significativas; al comienzo de la aventura obrerista, Mario Tronti se había basado en este punto para desarrollar su afirmación herética de que «el trabajo debe ver la fuerza de trabajo como mercancía, como su propio enemigo [...] [para] descomponer la naturaleza íntima del capital en las partes potencialmente antagónicas que lo componen orgánicamente» (Tronti, 1971: 55-56). Es lógico que, en sus últimas reflexiones escritas sobre la sociedad capitalista, Alquati vuelva directamente a estos argumentos de Marx y Tronti, no para quedarse anclado en ellos, sino para revisarlos, modificarlos y desarrollarlos:

> Por un lado, los trabajadores son los actores que activan sus funciones haciendo que funcionen gran parte —y, por lo tanto, más o menos la totalidad— de las interconexiones del sistema. Al hacerlo, toman conciencia [rileva] de la cuestión del fetichismo del capital, su intangibilidad, etc. Pero, por otro lado, mi hipótesis es que también pueden negarse a hacerlo y negarse a sí mismos, moviéndose en contra de sí mismos, y haciendo todo esto con cierta autonomía (Alquati, 2000/2003).

Conclusiones

Romano Alquati identificó algunos de los aspectos fundamentales y contraintuitivos de las formas actuales de valorización capitalista. Por encima de todo, su método de coinvestigación sigue siendo indispensable. El ejemplo que nos ha legado es el de una persona que ciertamente no sucumbió a los atractivos de su papel profesional, sino que siguió emprendiendo formas de investigación «con otros». Su negativa a formar parte o a ayudar a formar «líderes» para la clase trabajadora le permitió mantener una distancia productiva con respecto a la cultura y la tradición comunistas oficiales. Como ha subrayado Sergio Bologna, «era muy consciente de que hay quienes son capaces de expresarse, quienes tienen ideas más claras que otros, quienes ven más lejos y quienes no» (Bologna, 2010).

Bibliografía

Alquati, R. (octubre/noviembre de 1958), «La Festa Contadina. Pescarolo: transizione di una situazione agraria», *Pre-senza*.

_____ (1961a), «Relazione sulle "forze nuove". Convegno del Psi sulla Fiat (enero de 1961)», *Quaderni Rossi*, núm. 1, pp. 1-20.

_____ (1961b), «Documenti sulla lotta di classe alla Fiat», *Quaderni Rossi*, núm. 1, pp. 21-45.

_____ (1962), «Composizione organica del capitale e forza lavoro alla Olivetti», *Quaderni Rossi*, núm. 2, pp. 1-32.

_____ (1975), *Sulla FIAT e altri scritti,* Feltrinelli.

_____ (1978), *Università di ceto medio e proletariato intellettuale* (con N. Negri y A. Sormano), Stampatori.

_____ (1993), *Per fare conricerca,* Calusca Edizioni.

_____ (1994a), *Camminando per realizzare un sogno comune*, Velleità Alternative.

_____ (1994b), *Cultura, formazione e ricerca*, Velleità Alternative.

_____ (1994c), *Lavoro e attività. Per un'analisi della schiavitù neomoderna*, Manifesto libri.

_____ (2000/2003), *Nella società industriale d'oggi* [inédito], Università degli Studi di Torino.

Bologna, S. (2010), Homenaje a Romano Alquati.

_____ (2011), «L'operaismo italiano», en P. P. Poggio (ed.), *L'altronovecento. Comunismo eretico e pensiero critico: Vol.*

2. *Il sistema e i movimenti. Europa 1945-1989,* Jaca Book, pp. 211-234.

Borio, G., F. Pozzi y G. Roggero (eds.) (2002), *Futuro anteriore. Dai* Quaderni Rossi *ai movimenti globali: Ricchezza e limiti dell'operaismo italiano,* Derive Approdi.

Chan, J. y N. Pun (2012), «Global capital, the state, and Chinese workers: The Foxconn experience», *Modern China,* núm. 38(4), pp. 383-410.

Gambino, F. (1999), «Forza-invenzione e forza-lavoro. Ipotesi», *Altre Ragioni,* núm. 8, pp. 147-151.

_____ (2011), Intervención en la conferencia sobre Romano Alquati [inédito].

Pasquinelli, M. (17 de noviembre de 2011), «Capitalismo macchinico e plusvalore di rete: Note sull'economia politica della macchina di Turing», *Effimera;* disponible online.

Pentenero, M. (2011), Intervención en la conferencia sobre Romano Alquati [inédito].

Roggero, G., y A. Zanini (eds.) (2012), *Genealogie del futuro. Sette Lezioni per sovvertire il presente,* Ombre Corte.

Rozzi, R. (2011), Intervención en la conferencia sobre Romano Alquati [inédito].

Tronti, M. (1971), *Operai e capitale,* Einaudi [ed. cast: *Obreros y capital,* Barcelona, Verso Libros, 2024].

Wright, S. (2002), *Storming heaven: Class composition and struggle in Italian autonomist Marxism,* Pluto Press.

Prólogo

Gigi Roggero

A lo que es aceptado / dale el fuego de tu odio.

Paul Éluard

Para hacer coinvestigación es fruto de un ciclo de conferencias impartidas por Romano Alquati para el seminario sobre los «comunicantes» celebrado a principio de los años noventa en la Facultad de Ciencias Políticas de Turín. A este asistieron estudiantes y militantes del antiguo movimiento Pantera y de la entonces recién nacida Radio Blackout, una emisora creada por los centros sociales de la capital piamontesa. En su propósito original, las conferencias tenían por objeto establecer una línea de coinvestigación sobre el nodo de la comunicación y los comunicantes. Independientemente de la evolución posterior, a nosotros nos queda lo que sigue siendo un volumen fundamental, publicado por primera vez por Calusca en 1993 y que hoy volvemos a publicar, no por casualidad, en la serie de DeriveApprodi dedicada a la formación política. *Para hacer coinvestigación* es, ante todo, una extraordinaria herramienta formativa, única en su género. Se podría decir que es un manual de metodología siguiendo el gélido lenguaje sociológico, frente al cual preferimos las palabras de Alquati: es una máquina, no solo para ser leída sino para ser estudiada, no solo para ser estudiada sino para ser practicada.

El léxico de Alquati

El volumen se elaboró a partir de las transcripciones de los encuentros, que fueron posteriormente revisadas y editadas por el autor. Se mantiene el carácter seminarial y dialogado de las conferencias, a veces abiertamente coloquial. La revisión de Alquati, como era su costumbre, no pretendía tanto sistematizar lo hablado como complejizarlo.

Surge aquí por eso un problema, conocido por quienes están familiarizados con los textos de Alquati: su peculiar estilo de escritura, extremadamente denso y a menudo complicado, rico en prefijos y neologismos, a veces en alusiones crípticas y referencias tácitas a sus definiciones categoriales. En la primera nota de otro libro suyo de esa época, *Camminando per realizzare un sogno commune* [Caminando para realizar un sueño común], lo resume así: «Por ahora, no me interesa mucho ser escritor, escribir. Además, no considero que estos "libritos" sean libritos, sino maquinitas. [...] Creo que nunca en un libro que realmente diga algo deba entenderse todo, y que si así fuera, sería negativo. [...] Y por eso declaro que ni siquiera escribo para todo el mundo, y hay quienes están excluidos: de hecho, hoy en día, cada vez más gente no sabe leer, pero la culpa no es mía».[1]

Esta forma de escribir contrastaba, al menos en parte, con la claridad de su forma de hablar. En la confrontación directa, ya fuera en un debate o en clase, en un seminario o frente a frente en un café, su capacidad para guiar a su interlocutor a la hora de volar alto, capacidad incluso pedagógica en el mejor sentido de la palabra, era asombrosa. Nunca fueron encuentros entre

---

[1] Romano Alquati, *Camminando per realizzare un sogno comune*, Turín, Velleità alternative, 1994, p. 4.

profesor y alumno, sino verdaderas experiencias de formación e investigación continua: Alquati observaba y te invitaba a observar, te deslumbraba, desconcertaba e incluso avergonzaba con formidables intuiciones, iba más allá de lo que decías y te instaba a hacer lo mismo.

Además, escribía del mismo modo que pintaba (en su carné de identidad figuraba su profesión de pintor): nunca ponía cristal a sus obras, de modo que periódicamente volvía a ellas para añadirles algún trozo o detalle, precisamente para complejizar el cuadro. Por eso sus obras no pueden contemplarse sin más, sino que deben observarse y estudiarse, volver a observarse y volver a estudiarse, porque cada vez se advierte algo que antes se había pasado por alto. Lo mismo ocurre con la escritura: tras recibir una transcripción cristalina de uno de sus encuentros, Alquati empezaba a añadir fragmentos, introduciéndolos con fuerza en cada frase, como si no quisiera resignarse a las limitaciones físicas y espaciales del texto. El resultado es una riqueza extrema que a menudo va acompañada, por desgracia, de la dificultad de comprenderlo y descifrarlo.

Para facilitar al lector que se disponga a utilizar esta máquina, el volumen ha sido revisado a partir de la edición original, despojándolo de los elementos más marcada e innecesariamente farragosos, pero dejando intacta e inalterada la complejidad y complicación de su estructura y registro lingüístico. A pesar, sin embargo, de tales asperezas, a quien no se conforme con lo ya conocido o no busque tópicos ideológicos tranquilizadores, le garantizamos que estudiar este libro-máquina es un esfuerzo que merece la pena. Al final, al empezar de nuevo, y aún más, intentando ponerlo en práctica, uno puede saborear la fatiga del concepto, incluso cuando sigue convencido de que, en ocasiones o con frecuencia, ese concepto podría haberse escrito en términos más claros, sin perder ni un ápice de su densidad teórica y política.

El *co* de coinvestigación

Una característica del estilo de redacción y razonamiento de Alquati es el uso de prefijos. Aunque estos no facilitan la comprensión inmediata ni la fluidez del libro, nunca son meros caprichos estilísticos. De hecho, se refieren a definiciones y significados precisos, sistematizados por Alquati en el *modellone*, es decir, su propuesta global de interpretación del sistema capitalista construida en los años ochenta y noventa.[2]

Entre estos prefijos, *ça va sans dire*, destaca el *co* de coinvestigación. Fuente de la evocación que el término suscitó en las décadas que siguieron a la edad de oro de su práctica, la de los *Quaderni rossi* y la *Classe operaia*,[3] sobre ese prefijo hay que interrogarse, para no caer en trivializaciones o simplificaciones problemáticas. De hecho, a menudo se ha declinado en un sentido populista, como un «ir al pueblo» por parte de los investigadores, es decir, una investigación realizada en nombre de la igualdad por militantes y trabajadores. En

---

[2] Para profundizar en el *modellone* y, más en general, en toda la trayectoria de investigación teórico-política de Alquati, es indispensable leer el volumen de la serie Input de F. Bedani y F. Ioannilli, *Un cane in chiesa. Militanza, categorie e conricerca de Romano Alquati*, Roma, DeriveApprodi, 2020. Véase también la conferencia de G. Borio, «Un cane in chiesa», en G. Roggero, *L'operaismo politico italiano. Genealogia, Historia, metodo*, Roma, DeriveApprodi, 2019.

[3] Huelga mencionar aquí la obra clásica de Ramiro Alquati, *Sulla Fiat e altri scritti*, Milán, Feltrinelli, 1975. También este volumen será reeditado en italiano próximamente por DeriveApprodi, en el marco del proyecto editorial de publicación y reedición de sus textos inéditos y ya publicados.

la perspectiva alquatiana, esto no es así. Porque la hori-
zontalidad, en el sistema capitalista, nunca puede darse
por supuesta: la subversión de las jerarquías existentes
es, por el contrario, la puesta en juego de un proceso de
lucha. Ese *co* no puede por tanto borrar, de un plumazo
ideológico, las diferencias de posición, capacidad e intención entre militantes y trabajadores; por el contrario,
indica la activación de un proceso cooperativo autónomo, en el que la producción de conocimiento es al mismo tiempo producción de formación, de subjetividad,
de conflicto y de organización. Aquí también hay que
marcar la diferencia con la encuesta obrera del grupo
de Panzieri, que cuestionaba la conclusión de la investigación, pero dejaba intacto el proceso cooperativo
subyacente. Así pues, la producción de conocimiento
sociológico debía ser gestionada por un sujeto político
o sindical, en la repropuesta de una separación entre investigadores y representación organizada. La práctica
de la coinvestigación viene precisamente a cuestionar
radicalmente esta separación, moviéndose dentro de
las transformaciones de la composición de clase, y para
transformar la propia composición de clase.

Dicho *co*, además, indica la combinación de la investigación con los medios capitalistas, empezando por
uno de los principales: la ciencia. Así pues, los medios
capitalistas han de ser utilizados, o más bien contra-
utilizados, por citar otro prefijo central del léxico de
Alquati (lo encontramos en los conceptos clave de con-
tra-subjetividad, contra-formación, contra-cooperación,
etc.). Contra-utilizar no significa, como hemos dicho,
solo cambiar el fin, sino también actuar sobre el medio,
curvándolo y transformándolo. La coinvestigación, por
tanto, no es simplemente la construcción de una ciencia
alternativa, sino de una contra-ciencia. Otro lugar, de
hecho, debe construirse dentro y contra esta realidad,

como un proceso colectivo de ruptura y emergencia de la civilización del capital.

En busca de la anticipación

Los procesos y medios capitalistas, explica Alquati, tienen una peculiar ambivalencia. Esta categoría también debe aclararse. No debe entenderse en un sentido débil, como la presencia kárstica y estructural de dos caras de la misma moneda. Por contra, debe entenderse en un sentido fuerte, como la identificación del antagonismo potencial específico dentro de la relación social capitalista. La coinvestigación apuesta por los lugares y ámbitos donde se hipotetiza que existen las condiciones de posibilidad, subjetivas y de tendencia, para transformar la potencia en acto. La fábrica y los obreros, tradicionalmente entendidos, no son siempre ese lugar y esos sujetos, en absoluto: lo eran, en la Italia de los años sesenta, en esas condiciones específicas, en las que la presencia de comportamientos de potencial insubordinación se combinaban con la posibilidad de golpear un ganglio nervioso de la acumulación de capital y de la dominación. En la década siguiente, Alquati formularía nuevas hipótesis, sobre el obrero social y la industria educativa,[4] hasta llegar a los comunicantes y la industria de la reproducción. Por tanto, la ambivalencia no debe confundirse con el mero excedente, sino que debe identificarse en la posibilidad de transformar el excedente en excepción, es decir, en fuerza de ruptura.

Otro prefijo muy utilizado por Alquati es híper, en contraste con el post rabioso, la ideología de lo nuevo y la religión innovadora, marcas registradas de la

---

[4] Sobre este tema, véase Gigi Roggero, «Dentro e contro l'università di ceto medio», *Machina*, 8-15 de marzo de 2022.

contrarrevolución capitalista de los años ochenta y noventa. Con los conceptos de hiperindustrial e hiperproletariado, por ejemplo, Alquati no se alinea con el coro de quienes consideran que la era industrial ha terminado definitivamente y que la clase ha desaparecido.

Al contrario, sostiene que vivimos un desarrollo ulterior y peculiar de la lógica industrial y del antagonismo potencial inscrito en las relaciones de clase. La propia investigación científica, podemos leer en el libro, es «lo más industrial que hay», porque tiene en su centro la mercancía del conocimiento, para disgusto del blando idealismo romántico de la izquierda y de las bellas almas de los movimientos.

Esto no significa que nada haya cambiado, ni mucho menos: al descartar la simplificadora y engañosa oposición entre lo viejo y lo nuevo, Alquati consigue identificar tanto lo nuevo en lo permanente como lo permanente en lo nuevo. Sobre todo, permanencia y novedad se sitúan —en su modelo— en distintos niveles de la realidad, jerárquicamente ordenados. El metanivel es el de la dominación y el mando: en este, nada ha cambiado. En cambio, se han producido cambios en los niveles medio-bajos, más evidentes y acelerados a medida que se desciende en la jerarquía del sistema capitalista. Estos cambios deben ser comprendidos y eventualmente contra-utilizados, retorcidos, invertidos, en sus diferentes posibilidades y peculiares ambivalencias. Sin embargo, no deben confundirse con una alternativa a lo existente: la innovación es siempre, de hecho, la respuesta capitalista a la lucha de clases. Por repetir lo que hemos argumentado anteriormente: lo contrario de la innovación no es la conservación, sino la revolución.

Como ya se ha subrayado, por tanto, no se puede luchar contra la jerarquía del capital fingiendo que no existe, es decir, mediante una propuesta ideológica «horizontalista». En un mismo proceso de investigación hay personas con capacidades y experiencias diferentes, que deben formarse, componerse y organizarse no para reforzar las posiciones existentes o crear una nueva jerarquía de estatus y poder, sino para subvertirlas. La salida de la civilización del capital se organiza y conquista en un proceso colectivo de conflicto y ruptura; no será jamás la elección moral de un individuo.

El lector encontrará numerosos pasajes del volumen que remiten, a menudo de forma no explícita, a debates y temas políticos y teóricos de los años noventa. Por limitarnos a un ejemplo recurrente en el texto, uno de los polémicos blancos de Alquati es la división entre «actuar por» y «actuar contra», es decir, entre «ser deseante» y «ser antagonista», en la estela de la moda deleuziana y posestructuralista que estaba en boga en la época, que era el *pendant* de la posición simétricamente especular, es decir, del atrincheramiento en las identidades nostálgicas de los años setenta, o más bien de sus aspectos más folclóricos.

Otras referencias, que hay que contextualizar y pueden parecer algo anticuadas hoy en día, son aquellas que se hacen al mundo de las nuevas tecnologías, la informática, los ordenadores, las redes, lo virtual, los hipertextos, las interfaces y las interconexiones. Sin embargo, treinta años más tarde, podemos apreciar cómo Alquati ya captaba su importancia central e intuía algunos desarrollos potenciales, en la hipótesis de posibles contra-utilizaciones por parte de los comunicantes. Entonces hablaba de tendencias que «se desarrollaban delante de nuestras narices».

Es precisamente en estas coordenadas espacio-temporales de las tendencias, allí donde empiezan a surgir, pero aún no se han realizado, donde se mueve la

coinvestigación. La investigación de Alquati, en defini-
tiva, no es ni «caliente», ni «fría»: es una investigación
«tibia», «en la fase de ebullición».[5] Antes es demasiado
pronto, después es demasiado tarde —donde el antes
y el después no vienen dados por las condiciones obje-
tivas necesarias del desarrollo, sino por las posibilidades subjetivas y el conflicto—. El militante debe tener
la capacidad de apostar en el momento oportuno. En
el momento, es decir, cuando tales tendencias pueden ser materialmente desviadas, torcidas, invertidas,
interrumpidas.

El método: mejor hablar de ello aplicándolo

Así pues, para poner en marcha una coinvestigación,
para encontrar la motivación para hacerla, no hay que
dejarse llevar por la innovación, nadar con la corriente,
dejarse deslumbrar por el «ya nada volverá a ser igual».
Hay que intentar anticiparse a la tendencia para actuar
sobre ella. La investigación es un proceso abierto, in-
concluso y nunca lineal —¡lejos de la retórica del fin
de la historia que estaba de moda en la época!—. La
coinvestigación es un método, o más exactamente: es *el
estilo de la militancia.* Y es, a su vez, un proceso de aprendizaje permanente, para enriquecer la capacidad humana.[6] Esto es lo que Alquati odia por encima de todo del
capitalismo: el empobrecimiento de la subjetividad.
Tanto como para tomar en consideración la posibilidad

---

[5] S. Cominu, *Inchiesta e conricerca,* en G. Roggero y A. Zanini,
Genealogie del futuro. Sette lezioni per sovvertire il presente, Verona,
ombre corte, 2013, p. 138.

[6] Véase su trabajo más reciente, de principios de milenio, que permaneció inédito durante mucho tiempo y finalmente ha sido publicado: Ramiro Alquati, *Sulla riproduzione della capacità umana vivente.
L'industrializzazione della soggettività,* Roma, DeriveApprodi, 2021.

de una óptica «reformista», capaz de contrarrestar la tendencial procedimentalización de toda acción humana, para reconstruir una perspectiva revolucionaria.

En este, como en otros textos de Alquati, muchas frases o partes del discurso parecen quedar suspendidas, incompletas, inacabadas. No creemos, al menos en este caso, que se trate de un problema atribuible a las ya mencionadas dificultades de su lenguaje escrito. Se trata más bien de un *método*. Alquati plantea el problema y entrena la capacidad para afrontarlo. Acabar con ese problema utilizando una solución preconcebida sería contradecir su crítica radical del empobrecimiento de la capacidad humana producido por la industria capitalista de la formación. Es decir, significaría seguir esa línea de fragmentación, serialización y banalización del conocimiento que, treinta años después de este escrito, es claramente el rasgo dominante del sistema escolar y universitario, en Italia y en el resto del mundo. Esto no se debe a que cierto grado de serialización no sea útil, sino a que, para poder usar y no ser usado, es indispensable contra-formar una capacidad de pensar y actuar dentro de procesos continuamente abiertos y modificables. Es aquí donde se puede conquistar la autonomía, entendida no como inteligencia individual autoproclamada, sino como un proceso de enriquecimiento colectivo y transformación radical de la subjetividad.

Por tanto, en la confrontación directa antes mencionada, Alquati nunca pretendió la transmisión de alguna verdad preconstituida, rechazaba sarcásticamente todo lo que apestara a doctrina escolástica. Fue un formador excepcional de la capacidad de razonamiento autónomo: así, cuando consideraba que habías captado la cuestión e intentabas repetirla, inmediatamente te ponía delante un nuevo problema más avanzado, obligándote a dar un nuevo salto adelante.

A estas alturas, al lector no le sorprenderán sus repe-
tidas críticas y bromas irónicas hacia los estudiantes y
militantes del seminario, su insistencia en los problemas en lugar de las soluciones, en las dificultades y no
en el placer de la coinvestigación: «La coinvestigación
no se propone como un excitante lugar de placer superficial. Es un camino que implica momentos de fatiga y
tal vez incluso de aburrimiento para quien siente que
debe recorrerlo, porque considera este mundo invivible
y por ello quiere transformarlo en la dirección de sus
deseos, que no pueden realizarse en él (este es el gran
punto de la motivación de los coinvestigadores). Y por
ello también estará dispuesto a pagar los costes. Si uno
ya se encuentra a gusto en el capitalismo y disfruta de
este y en este de forma suficiente, la coinvestigación carece de interés».

Por otra parte, se sabe, que los problemas abiertos
generan ansiedad, angustia, inquietud. Los estudiantes, sostiene Alquati, huyen antes los problemas abiertos. Y con ello, huyen también los militantes (unos años
más tarde llamados activistas), que buscan refugio «en
unas identidades fuertes, y en el fondo tradicionales»;
en efímeras certezas ideológicas que les permiten con-
formarse con sus iguales, aunque no lleven más lejos
los caminos del conocimiento, la lucha y la organización. Identidades de grupo o microgrupo, en muchos
casos casi de manada. Es así cómo a menudo la actividad «movimientista» es ante todo —o más bien ha sido,
en tanto se refiere al pasado más que al presente— una
respuesta a necesidades de reconocimiento individual.
Alquati se dirige a los militantes de los centros sociales,
emergentes en aquella época, y ya parece identificar el
problema central que llevó al agotamiento político de
aquellas experiencias.

El lector podrá imaginar fácilmente que la coinvestigación que aquí se describe no se ha realizado nunca, así
como —en los treinta años siguientes a este texto— el
número de veces que se ha evocado es inversamente
proporcional a las veces que se ha intentado seriamente. O también se ha llamado de esta manera altisonante
lo que era una confirmación *a priori* de sus propios pos-
tulados identitarios, es decir exactamente lo contrario a
la coinvestigación.

Aquí destaca tanto la importancia estratégica de lo
que dice Alquati como su dificultad para formar parte
del teorizado proceso de organización. De hecho, Alquati se definió a sí mismo, con un feliz término, como
un militante «intermedio», es decir, proyectado en la
«media distancia». Este es el nivel de la realidad en el
que es posible elevar la práctica a través de la teoría,
y corregir la teoría a través de la práctica. Sin un en-
raizamiento en la distancia media, se determina una
separación entre la cumbre, que se encierra en la autorreferencialidad de la identidad intelectual y la base,
«bunkerizada» en la autorreferencialidad de la identidad grupal. La coinvestigación, podríamos decir, está
siempre enraizada en el término medio. Fue en esta posición subjetiva en la que Alquati y los coinvestigadores, dentro de *Quaderni rossi* y *Classe operaia*, intentaron
componer y recomponer continuamente el obrerismo y
las luchas obreras, transformando las segundas a través
del primero, y viceversa.

Por diversas razones que obviamente no dependen
exclusivamente de su voluntad subjetiva, en las décadas
siguientes, y en particular desde los años ochenta, Alquati ya no pudo radicarse en la media distancia. El ais-
lamiento del que a menudo se quejaba era ante todo una
desconexión entre la teoría y la práctica. La elaboración
del *modellone* se desvinculó del proceso concreto de su

verificación política; así, la enorme riqueza interpretativa que nos ofrece del funcionamiento capitalista a través de los distintos niveles de la realidad (lo que él denomina la «vía oficial»), no se ve correspondida con una interpretación hipotética igualmente rica del «contrarrecorrido», es decir, de la posibilidad de ruptura y salida. Si bien es cierto que «se habla mejor del método aplicándolo», para aplicarlo es necesario recuperar la media distancia.[7]

Una vez más, a su pesar, Alquati nos plantea un problema abierto y decisivo: ¿cómo repensar, hoy, la militancia en general y la militancia situada en los niveles intermedios? Es a partir de aquí que podemos retomar la coinvestigación, a partir de una insatisfacción radical con el presente, con nuestro presente; a partir de una crítica de lo existente, ante todo de nuestro existir. Desde una disposición de vivir la inquietud, de hacerla productiva. De la disposición a morir para renacer de forma diferente.

Quienes le conocían sabían muy bien cuánto le molestaba que le consideraran el inventor de la coinvestigación. Los militantes siempre han hecho coinvestigación, respondía desdeñosamente. Tenía razón y sigue teniéndola. Un militante que no hace coinvestigación no es un militante. Y una coinvestigación no hecha por militantes, no es coinvestigación.

---

[7] Sobre este tema, véase también F. Bedani y F. Ioannilli, «Alquati, "meglio parlarne applicandolo"», *Machina*, 18 de mayo de 2021.

1
Premisas

Comencemos con ciertas premisas generales, en las cuales, sin embargo, irán apareciendo algunas definiciones que guardan cierta importancia.[1]

Investigación y coinvestigación

Mi propuesta pasa por un método y un enfoque de investigación orientado hacia la «coinvestigación», a la cual me referiré de forma más precisa al final. Mucho de lo que podemos hablar en el campo de la investigación científica y de las «ciencias sociales» y las «ciencias humanas» en general, también puede valernos, cuando es revisado de forma correcta, para la coinvestigación. Esta es una afirmación bastante categórica y problemática que implica sendos y arduos discursos que normalmente nadie realiza y sobre los cuales volveremos más adelante.

---

[1] Este texto es una transcripción de las conferencias impartidas en el seminario de investigación sobre los «comunicantes humanos», se trata así de la transcripción de un dictado, lo que implica cierto grado de improvisación.

Esta práctica, en mi concepción y nueva propuesta, tiene dos rasgos particulares, dos características, que me gustaría anticipar, destacar y presentar de inmediato: en primer lugar, requiere la cooperación en la búsqueda de personas (activistas) en diferentes posiciones y dotadas de diferentes conocimientos, experiencias, habilidades e incluso la capacidad de investigar, cualitativamente, y a un nivel algo diferente. Por otro lado cabe constatar el hecho de que la propia investigación se desarrolla dentro de una realidad, que está formada, estructurada y que todavía está centralizada y jerarquizada, en tanto la red se encuentra dentro del sistema y no al revés. Una realidad por tanto en proceso de innovación y movimiento, sobre la que la coinvestigación se propone influir en un nivel interno, desde un lugar y presencia particulares, de acuerdo con determinados deseos y cierta proyección de emancipación y por ello siempre constituyente de algo nuevo y diverso, de una alteridad (y que por la resistencia que ejerce la realidad sobre el presente puede ser obligada a permanecer en el antagonismo).

Veremos que esta idea de la proyección puede oponerse —aunque no siempre— a la idea de la deriva y del mero abandonarse a la evolución y las alteraciones, como por otro lado, a la idea de dejarse llevar por las innovaciones (que bajo mi postura son siempre capitalistas), concebida de manera particular y correcta como un sistema de ciclos «incrementales», evitando lo que otrora se llamaba «salto cualitativo» y defendiendo una posición que en mi opinión solo contribuye a la generalización de la concepción errónea y peligrosa de comprender lo «nuevo» como una mezcla de elementos que existen ya en la realidad; cuando en términos de un poder constituyente e incluso de una constitución así entendida esto solo sirve para desactivar no solo

el antagonismo y la búsqueda de alteridades sino la
propia ambivalencia, sobre la cual insisto. Cabe sugerir que la tendencia debe de ser anticipada para poder
desviarla hacia otro lugar y que ejercer este cambio de
dirección requiere de dotarse de contrarrecursos en la
ambivalencia del presente, cuando la tendencia sigue
permaneciendo abierta, antes de que esta pueda cerrar-
se; como vemos, esta postura es todo lo contrario a dejarse llevar por la innovación. Por tanto no se trata de
ninguna lucha pasiva, mucho menos de una revolución
pasiva. Por otro lado, desde la primavera de 1993 la pasividad como lucha es propuesta, no pocas veces, en la
coinvestigación. La especificidad en la que nos encontramos, a la hora de llevar a cabo la realización del deseo, nos obliga a estar en contra de un sistema, de una
forma contradictoria si bien estructurada, buscando la
liberación de aquello que no puede ni debe ser aceptado. Y por ello a la negación y el rechazo continuo. Tengo la impresión de que a mi alrededor se está gestando
una ideología «hiperliberal» ¿Podemos hablar de una
revolución hiperliberal?

Una precisión amarga

Me veo obligado (por amor a la verdad) a discutir un
mito consolidado pero injusto. Debe señalarse que Panzieri no solo no fue el inventor de la coinvestigación
sino que además siempre ha sido decididamente hostil a la misma. También fue hostil a la encuesta obrera,
al menos a ciertos significados de este vocablo. La idea
de la coinvestigación nació en la sociología estadounidense, fue trasladada a Italia por Pizzorno durante los
años cincuenta, pero ya con una valencia política. La
idea fue tomada de Pizzorno y se transformó a través
de la aplicación práctica que le dimos Danilo Montaldi y yo, mientras cooperábamos con otros compañeros

en Cremona, entre 1956 y 1957, con cierta influencia francesa; por eso, años antes de que yo (que por aquel entonces hacía «investigación obrera») conociera a Panzieri y me trasladase a Turín, donde por desgracia todavía habito, algo que ya no soy capaz de soportar. En aquel tiempo existía una hostilidad en el ambiente socialcomunista italiano, todavía más bien estalinista, ante cualquier cosa considerada «estadounidense» (e incluso contra la propia sociología, ostracismo al que también se enfrentó Panzieri, aunque eso es otra historia), por lo que la coinvestigación permaneció excluida de las prácticas del movimiento obrero italiano «oficial», aun cuando a mediados de los años sesenta este comenzaba a abrirse al campo de la sociología. La coinvestigación fue así una práctica que caracterizó a un fracción tendencialmente revolucionaria situada en los márgenes del movimiento obrero, a veces dentro del mismo y no pocas veces también en su contra. Se trata un modelo que creció en los años setenta (diría que en parte gracias a mi iniciativa, al menos de forma indirecta), alcanzando cierta visibilidad en los momentos más álgidos de la lucha abierta de masas e involucrando sobre todo a los militantes obreros. En ocasiones fue puesta en marcha sin ponerle un nombre y sin recibir una auténtica y verdadera codificación, ni siquiera metodológica. De hecho fue llevada a cabo de manera bastante fragmentaria, tanto por mi parte como por la de otros pocos, sobre todo tras el 68 y hasta el final de los años setenta. Todo esto para que hoy, cualquier joven que conozca esta realidad a través de chascarrillos venga a preguntarme sobre ello.

Coinvestigación y lenguaje

Después de un tiempo, lentamente, se comienza a desarrollar y explorar un «lenguaje de la coinvestigación», así como a tomar en consideración un «lenguaje de la investigación» científica. Los coinvestigadores deben hacer un esfuerzo por uniformizar este lenguaje, para ser capaces aunque sea de comunicar «metodológicamente». Sin embargo, esto no fue suficiente. Se necesitaba también comunicar acerca del objeto de la investigación, era necesario uniformar un poco el lenguaje con el que hablábamos, así como el idioma todavía diferente que las personas hablaban ahí afuera. No confundamos entre sí estos tres lenguajes, todos ellos necesarios a la hora de llevar a cabo la coinvestigación.

Pero no se trata únicamente de una cuestión de palabras, más bien de significantes y conceptos, todos los cuales deben estar tendencialmente en consonancia y en relación común con sus «correlatos empíricos»: ya se trate del método de la práctica de la coinvestigación (el cual también es un ejercicio de reconceptualización), o relativo a un punto central sobre el campo escogido (en este caso la cuestión de comunicar y sobre todo de los comunicadores). Y es que al fin y al cabo, la investigación parte de fenómenos y de conceptos, también los nuestros, relativos y relacionados entre sí.

Procesualidad abierta

La coinvestigación, por su proyectualidad, es un proceso abierto hacia delante (y no solo) y su procesualidad abierta es su modalidad fundamental. Incluso en su aspectos de investigación y desarrollo teórico siempre se trata un proceso práctico. Decimos que es abierto no solo porque siempre es hipotético e indefinido en su movimiento indeterminado hacía el futuro; sino también porque se trata de un proceso flexible, con cierto margen de indeterminación y con capacidad de producir un continuo de alternativas. Por tanto, contiene una variación al menos potencialmente instintiva, a la cual siempre es posible volver para proponer de nuevo, e investigar, permitiendo que el proceso se replique dando lugar a lo nuevo, a lo ulterior (a través de combinaciones peculiares, aunque no solo) en un camino necesariamente local, pero con vocación de generar una alteridad global. Lo que se vuelve a replantear a través de la individualización de las estrategias locales y los niveles más altos de realidad es lo que en otro momento daremos el nombre de «generalización»; se plantea así, en mi opinión, su «globalidad» a partir de la comprensión de cómo realmente lo existente se forma en su especificidad.

La coinvestigación siempre es un fin aplicado, incluso cuando se insiste en sus aspectos en el nivel de la invención y la innovación teórica, porque siempre se trata de «teoría aplicada»: este es el quid de la cuestión. No obstante, se trata de una aplicación que ante todo es un conocimiento científico que persigue como finalidad producir otro conocimiento científico que pueda ser aplicado a su vez de manera científica. Y es que la cientificidad en su ambivalencia, es bastante mejor comprendida y entendida en su forma concreta como potencia para conocer y actuar. Su orientación, tal y como aquí es propuesta, es estratégica; incluso en el sentido fuerte del juego de la estrategia. De ninguna manera se trata de buscar soluciones a los problemas, sino partiendo, en un cierto sentido, del metaproblema, encontrar una manera y estilo de relación con la realidad sistémica en movimiento. Hablamos por tanto de aplicación experimental de un método-acción, como ya he señalado, que está siempre dispuesto a romper el equilibrio existente para su posterior transformación en otra cosa, con cierta referencia a una *vía alternativa* y una cierta ambigüedad contraproyectual flexible y en constante movimiento.

Nómada, pero con una cierta proyectualidad de amplio espectro, y un objetivo estratégico.

Propósito inmediato

El propósito inmediato de la coinvestigación es adquirir un nuevo conocimiento más «potente» que aquel que ya poseemos. Más potente en el sentido de más amplio, profundo y actualizado, o lo que es lo mismo, más eficaz y útil a la hora de alcanzar el objetivo de transformación de la realidad actual, según la inclinación que adopte la liberación y realización de nuestros deseos.

En la coinvestigación también se deben producir hallazgos continuos o al menos lo que nosotros consideremos como tales (al mismo tiempo también se vuelve necesario profundizar sobre la cuestión de quiénes somos, así como los distintos niveles que componen este nosotros), aun cuando el proceso nunca se pueda limitar a esto.

Si se tiene en cuenta la forma en la cual hoy muchos, sobre todo jóvenes, se lanzan a abrazar viejas identidades relativamente fuertes, así como viejas prácticas y modelos por temor a la incertidumbre, se puede comprender que la coinvestigación interese bien poco. Y sin embargo, hoy existe un interés mayor por este fenómeno. La mayoría de personas siguen sin ser, no obstante, lo suficientemente conscientes de que la coinvestigación es un fenómeno complejo, muy complejo; porque esta no solo se plantea arrojar luz sobre problemas prácticos o teóricos locales y fragmentarios, sino porque, quizás a partir de estos problemas, se plantea reinventar (en tanto que estas hipótesis se muestran erradas y han conducido a graves y clamorosos errores) no solo la teoría más amplia y general dentro de la cual se inscriben, sino también los modelos y modalidades organizativas de las prácticas que se derivan de la teoría. Desgraciadamente, sin embargo, para algunos todo esto no parece un motivo suficiente como para cambiar de rumbo. Prevalece la necesidad de identificación y de practicar un tipo de organización autorreferencial, cuya finalidad termina en sí misma. Y eso que todavía no hemos insistido en la importantísima dimensión mágico-religiosa de la participación grupal y colectiva, que a mi entender también es un fenómeno ambivalente (esta es otra ambivalencia que no ha sido debidamente comprendida, pero ya me iré por las ramas acerca de esta cuestión en otro momento), y en sus profundas raíces.

Otras implicaciones

Yo hablo de cientificidad en la coinvestigación, y del uso de la potencia científica: de la misma forma que de cualquier otro medio en su posterior y peculiar ambivalencia, en un discurso más general de la interminable utilización de las herramientas como medios-capital, así como de las propias innovaciones sistémicas, llevadas a cabo por el *hiperproletariado* «en nombre del patrón». Usar la potencia de las capacidades para producir una riqueza de las capacidades. Pero se vuelve necesario ir más allá, observando la misma ciencia como un sistema estratificado. Y comprender la importancia práctica y la potencia, ya sea de la imaginación de la ciencia (como dice Elkana), ya de la retórica científica, aprendiendo a poder contrautilizarlas. Esto constituye un gran tema y un campo de experiencias no casual.

Por esta vía se puede volver a una cuestión sobre la que apenas nos hemos asomado acerca de la ambivalencia existente entre lo religioso y la liturgia en la participación, y en la magia. En particular entre el mito y la mitología. Pero yo no me detengo tampoco aquí. Hablando de la cientificidad me parece errónea la postura, bastante posmoderna, que circula en la discusión acerca de la ideología. Ya basta de la estúpida idea de que ha llegado el fin de las ideologías y de que estas ya no existen, ¡nunca ha existido una época más ideológica que esta! Ya sea señalando que no se es ideológico, o que se está al margen de las ideologías, se es ideológico. La ideología está ahí, siempre ahí, siendo y operando de forma virulenta. Es potente y concede potencia a cualquiera. Tiene que haber un motivo, una serie de razones ¿Qué sentido tiene dejar de lado la omnipresencia de la ideología en el co-accionar humano actual? La ideología es un medio y a su vez es un capital-medio, por tanto es ambivalente. Es de este modo una potencia. Se debe poner en práctica la crítica de la ideología, no así su eliminación. Pero comprendiendo qué es hoy la ideología en su ambivalencia. Todos nos encontramos dentro de ella de una manera u otra. Conviene tener esto en cuenta, no tener miedo a ajustar cuentas con ello. Es la única manera de defendernos de ella, incluso de combatirla. Por tanto, se trata no solo de estudiar de forma científica la ideología y su potencia hoy, sino también, añadiría, hacerlo a través de una hipótesis provocadora que tenga en cuenta su ambivalencia ¿Proceder, por tanto, con la hipótesis de trabajo de una mayor coinvestigación sobre la utilidad de una ideología ya reconocida? Mannheim señalaba (siguiendo los pasos de Marx) que la ideología es una representación deformada de la realidad porque se dirige a la conservación y la cohesión del grupo, real o imaginario digo yo, de pertenencia. Por tanto, es algo que tiene mucho que ver tanto con la identidad como con ese otro aspecto, más importante y que ha sido todavía ignorado en mayor medida, que son en cambio los procesos de identificación. Hoy ciencia e ideología: no solo están en reciprocidad, sino en circularidad. Coinvestigar también sobre la ideología, desde dentro y en contra, de forma científica.

Por otro lado, la cientificidad de la coinvestigación pone sobre la mesa un dilema todavía más escabroso y arduo: el de la posible utilización de la *ciencia galileana,* que está vinculada tanto a los saltos cualitativos del capitalismo, como a la práctica y a la investigación de las alteridades globales y de la huida del capitalismo. Nada más y nada menos. Para mí este es el centro de una estrategia «dentro y contra», en términos de anticipación. Que sea capaz de asumir esta contradicción y dilema hasta lo más hondo. Y a partir de una estrategia «desde y para» porque, vuelvo a repetir, se puede dar un uso *contra*, aunque no haya sido pensado con ese fin. Dentro de esta circunstancia estamos todos, incluidos los árabes y los negros: ya ni siquiera depende de nosotros en tanto que individuos. Expongo un problema que seguramente no sea capaz de resolver, aunque también es cierto que este tampoco es el lugar para hacerlo.

Debo empezar diciendo aquí, tal y como ya se ha precisado en las lecciones acerca de la cuestión de la comunicación, que esto son una suerte de alegatos, únicamente nos movemos en los primeros pasos de un *contrarrecorrido*; que aun no hemos imaginado de forma suficiente y que aun menos hemos iniciado. Más adelante hablaré acerca del conocimiento, en un sentido bastante reductivo. ¡De entrada debo también decir que aquí nosotros, en primera instancia, no buscamos el conocimiento por amor al mismo! Por tanto, tampoco queremos alcanzar la Verdad (con mayúsculas). Buscamos en su lugar producir un conocimiento que, aunque sea parcial y reducido, plano y modular, funcione de forma práctica para la consecución de nuestros fines, en nuestro movimiento hacia un *contrarrecorrido:* conocimiento relativo y performativo, instrumental, eficaz/eficiente. Eso es lo que buscamos en primer lugar, luego ya se verá.

Por tanto, la ciencia galileana, que siempre manipula lo que postula como objeto, aunque se trate de lo humano, ha sido hasta hoy, incluso como producción de conocimiento sobre el agente humano singular y colectivo, y su combinación con las herramientas disponibles en su peculiar potencia, las más adecuada a la transformación y la acumulación capitalista. Es una *co-herramienta* fundamental, siempre combinada con otras. La ambivalencia de su potencia, de su capacidad de potenciar nuestro co-actuar/transformar, puede y debe ser creativa y críticamente utilizada, también de forma antagonista para permitirnos salirnos fuera. Ante la falta de alternativas, no se puede renunciar a la potencia de esta herramienta solo porque su utilización tenga unos costes. Se trata de intentar minimizar estos costes y al mismo tiempo de llevarla a un uso alternativo. Por otro lado, para nosotros los contrarrecursos son siempre recursos que pueden ser tomados de esta realidad, para darles la vuelta y doblegarlos, mutándolos de esta manera en la práctica y la experiencia del movimiento transformador. Esto conlleva costes, ciertos límites y riesgos. Pero no existen alternativas ya dadas. De hecho, no hay ningún otro lugar desde donde extraer contra-herramientas inventadas y desarrolladas desde una completa exterioridad. La alteridad es de por sí una potencialidad que, de acuerdo con mi hipótesis, aparece contenida de forma más o menos clara en el valor de uso de estas herramientas que son por definición *ambivalentes,* también porque son producidas por nosotros, en tanto *obreros sociales,* y en ocasiones ya la autonomía y el antagonismo de estos sujetos consigue, al menos de forma temporal, desarrollarse por sí misma. Pero solo en tanto que la alteridad misma está en nuestro pensamiento, en nuestra imaginación y subjetividad singular y colectiva, somos capaces de realizarla, ideando herramientas y combinándolas entre sí, desarrollándolas mediante el uso, fundamentalmente autónomo y antagonista de estas herramientas, las cuales suelen nacer con una notable potencialidad de alteridad que viene realizada precisamente a partir de su uso alternativo. Así ocurre con la ciencia en tanto capital-medio. Y así ocurre con más razón en el camino hacia la liberación, en el cual solo podemos transformar y liberar las herramientas, al igual que los métodos científicos, liberando y transformándonos a nosotros mismos y nuestra subjetividad en su contexto, en un movimiento que siempre es un movimiento de lucha. Una liberación global que requiere, en primer lugar, desmercantilizar las capacidades activas humanas.

Por tanto, la alteridad debe crecer sobre todo dentro de nosotros. Y el salto cualitativo se plantea ante todo como una cuestión de la capacidad del contra-movimiento y de las «fuerzas antisistema» para alcanzar cierta crítica a la globalidad del sistema, apuntado por otro lado, a superarlo en su punto máximo a través de nuestra riqueza, usando el máximo de potencia disponible. Aquí entran la formación y la comunicación. Una ciencia otra no existe aún. La fenomenología husserliana ha fallado a la hora también de fundarla, tanto es así que hoy esta aparece integrada como una actualización de la ciencia del capitalismo. La «ciencia obrera» de ascendencia marxista ha sido planteada como una metaciencia de la utilización antagonista o alternativa de esta. Lo mismo sucede con una «ciencia de la revolución», la cual debería tomarse más en serio, al tiempo que se desarrollan alternativamente ciertas claves para ser una auténtica ciencia del enriquecimiento de la capacidad humana, aun cuando sea una mercancía, pero siempre con la intención de desmercantilizarla: conviene dar cuenta de esta contradicción explotándola desde dentro, manchándonos las manos, en particular en lo que respecta al método y su politicidad intrínseca.[2] Contravalorizar y desarrollar claves de una ciencia otra, que es en primer lugar una contraciencia, pero también utilizar la ciencia galileana, en distintos niveles de realidad.

Así, por ejemplo, resulta cierto que la comunicación coincide a un cierto nivel con la riqueza de la vida. Pero el propio hecho que propongo como hipótesis, que nuestra comunicación sigue siendo potente pero se encuentra muy empobrecida, subraya la cuestión de su enriquecimiento, la posibilidad de transformar la supervivencia en vida. Este es un gran objetivo global del contramovimiento, que para lograrse debe utilizar el poder de la comunicación actual, de forma tanto individual como colectiva. Ahora podemos comprender esto mejor.

Llegados a este punto es hora de entrar más adentro en las peculiaridades de la coinvestigación.

Fecundidad de la diferencia de opiniones

¿Cuándo se emprende una investigación? ¿Se realiza también una indagación cuando resulta que todos están de acuerdo en que una cosa se realiza de una forma o que las causas, como dicen algunos, o quizás las variables independientes como señalan otros (o como dice el Boccaccio: las razones y las causas del futuro de las cosas), son las que son? ¿Todo el mundo está de

---

[2] Sobre esta cuestión en 1977 he escrito un folleto, hoy inencontrable.

acuerdo? La respuesta que resulta es clara: ¡no! No, porque si todos están de acuerdo en que las causas son las que son y que las cosas son así, y no se ve otra posibilidad o por lo menos no se imagina otra, entonces no se puede más que aceptar que, por el momento, las cosas están así y las razones o los motivos son esos; en esos casos la coinvestigación no tiene lugar, no se siente su necesidad, no se realiza.

La investigación se lleva a cabo cuando no se sabe lo que existe y cuando se poseen hipótesis (y conceptos) diferentes y contradictorias sobre cómo y por qué existe aquello con lo que nos encontramos, pero además se piensa que se pueda ampliar dicho conocimiento. Solo en ese caso se lleva a cabo la investigación. Esto no es muy fácil de aceptar, ya lo hemos podido ver en otros lugares. En mi opinión, esto se debe a la gran importancia, quizás mayor, que los jóvenes y en especial aquellos que se concentran en microgrupos y grupos, dan a la identificación y a la identidad dentro de una determinada diferencia interna que les es propia. Aunque a menudo sea ilusoria. Y de ahí una especie de frecuente horror por la diferencia que se muestra dentro de sus grupos, y sobre todo en sí mismos. Esta (hipotética) intolerancia de los jóvenes actuales hacia las diferencias en un grupo, lo cual produce una escasísima disponibilidad hacia la comunicación y a la confrontación horizontal entre personas diferentes, es lo que nos interesa. Esta es ya una hipótesis significativa sobre la situación del contexto de la comunicación que debemos de conocer, científicamente (preveo que tendrá consecuencias negativas inmediatas sobre la practicabilidad de nuestra coinvestigación): supongo que es un dato importante en este contexto real neomoderno. Pero no quisiera dramatizar.

Tres partes fundamentales

De modo bastante simplificado y sintético, una investigación *científica* se divide en tres partes: a) la formulación de hipótesis; b) el análisis; y c) la verificación de las hipótesis y la validación de los resultados. Desgloso estas tres partes en seis momentos, de los cuales a=1; b=2,3,4, mitad 5; c= la otra mitad del 5 y 6. Dado que aquí nos interesa más el comienzo de la investigación, su inicio como una de las investigaciones particulares, voy a profundizar aquí sobre todo en el momento 1 o momento inicial, y únicamente en el momento 2 o segundo momento de la segunda parte *b*. No obstante, dejo bien claro que el corazón de la investigación, de lo que hablaremos más adelante y cómo se concreta para poder llevarla a cabo y experimentar con ella viene realizado en los momentos 3 y 4 de la parte *b*: el núcleo de la coinvestigación.

Diseño de la coinvestigación, o su carácter siempre provisorio y abierto

Dicho esto, ¿cuál es el diseño, abierto, de la investigación que tenemos en mente, o al menos su esbozo inicial abierto y siempre *in fieri* que cambia con su eventual desarrollo? Solía bromear acerca de cómo se debía llevar a cabo una pequeña coinvestigación sobre los *comunicantes*, y que como mínimo debía tener una duración de ¡15 años! Se trata de diseñar un mapa abierto y provisional, un modelo provisional del camino quincenal de coinvestigar sobre dicho nodo baricentral, que se va elaborando a medida que avanzamos hacia el futuro a través de una sucesión de «co-investigaciones». Está claro que se deben prever una serie de avances progresivos en la coinvestigación misma, de una profundidad cada vez mayor y cualitativa. Comenzaremos por diseñar mientras tanto las dos primeras fases/años de la coinvestigación, o al menos la primera, dejando para una elaboración más vaga las posteriores fases, que son replanteadas a partir de las fases de investigación que se desarrollan durante los años posteriores. Podríamos, de hecho, establecer de entrada el periodo de una fase de la investigación por año. Comenzamos así con una o dos pequeñas investigaciones para el curso 1993-1994, a partir del otoño, de un carácter muy formativo y auto-formativo (en el proceso mismo de la coinvestigación), que de hecho están todavía dirigidas a construir hipótesis mejor fundadas y articuladas en sus conexiones en un Modelo[3] mejor fundado, menos genérico y abstracto que el que contiene en varios aspectos mi *Lezione prope-deutica*: este era un modelo muy experimental e ilustrativo. Rápidamente observaremos que desde un punto de vista metodológico/técnico cada investigación/fase singular seguirá un camino lineal, secuencializado, que en su contenido fundamental será siempre más o menos el mismo, y por ello se replicará (con variaciones) en los años posteriores. En cualquier caso, la investigación consistirá en una secuencia abierta de investigaciones y encuestas anuales.

Una advertencia importantísima: no debemos confundir el mapa (o modelo) de la coinvestigación de la cual ahora estoy esbozando el diseño, con el mapa (o el modelo) del campo real o del nodo de la realidad misma sobre la que se va haciendo la investigación o las sub-investigaciones singulares anuales. El mapa de los comunicantes no es el mapa de nuestra coinvestigación: ambos se complementan. Es bueno que exista una correspondencia e incluso una correspondencia analógica

---

[3] Publicado en *Sul comunicare*, Turín, Il Segnalibro, 1993.

entre ambos modelos, pero constituyen dos momentos lógicos y prácticos diferentes.

Hipótesis

Ya he hablado antes de las hipótesis iniciales contradictorias, del hecho de partir de hipótesis provisorias a seleccionar y fundamentar mejor. Este es de hecho el punto desde donde una investigación puede partir: cuando se poseen hipótesis (y conceptos) contradictorios en torno al mismo fenómeno, y es que cuantas más se tengan, más merece la pena llevar a cabo la investigación. Sobre todo para poder eliminar las hipótesis más débiles. Pero invierto también esto y digo: cuantas más hipótesis se tienen, más rica será la perspectiva, y quizás pueda ser más interesante, menos aburrida y más útil. La diferencia de opiniones sobre la realidad (como la que existe entre las conceptualizaciones de unos y otros), si se hace explícita y se reconoce de forma reflexiva, suele beneficiar a la investigación.

Pero nosotros todavía no hemos llegado a un inventario, un cribado, una selección del cono o la pirámide de estos diferentes conceptos (así como de los lenguajes y significados) y de estas diferentes hipótesis o conjeturas que explicarían por qué o cómo suceden las cosas, de hipótesis sobre las cosas que suceden en el gran nodo de la *comunicación* y por qué suceden. Ni siquiera sabemos tampoco las cosas (en este complejo y vasto mundo) de las cuales nos queremos realmente ocupar y tratar; porque aún no hemos elegido los nodos de la comunicación que más nos interesan. No sabemos siquiera si ya existen desacuerdos al respecto. Pero incluso aunque tuviéramos los nodos no tendríamos todavía las conjeturas, las hipótesis.

Ahora bien, las hipótesis no son otra cosa que conjeturas acerca de cómo podrían realmente estar hechas estas cosas, o el por qué son así, o cómo podrían evolucionar. Y estas son tres dimensiones de la investigación: la dimensión descriptiva, sobre cómo se hace una realidad; la dimensión explicativa, sobre por qué es así; y la simulativa, que busca imaginar cómo podría evolucionar y después prueba a simular este movimiento en el futuro.

Se trata, de una vez por todas, de poder crear, al menos, las condiciones para poder alcanzar una explicación de los conceptos enfrentados y una formulación común, colectiva, de estas hipótesis; que pueden ser diferentes o también divergir (esto puede verse de forma obvia cuando las hipótesis están planteadas y no antes de que esto ocurra). Como punto de partida debemos explicitar estas hipótesis, que después espero descubrir que son diferentes entre sí y también un tanto contradictorias. Pero solo después de que las tengamos. Aquí estamos todavía en una fase previa. Debemos comenzar por hacer un trabajo preliminar, en el curso del cual se crean las condiciones para que al menos se presenten las hipótesis para la siguiente fase de la investigación; por tanto nosotros debemos, por un lado, discutir y confrontar nuestras conceptualizaciones empezando por reconceptualizarlas juntos; y por otro, hacer una primera especie de «pre-investigación» o «investigación preliminar», más formativa que experimental y exploratoria, que sirva a su vez, para plantear estas hipótesis para una fase posterior de la investigación, para una primera reconceptualización común, incluso para construir un cierto lenguaje común mínimo, con el cual se entiendan para poder operar, de ahí por tanto los significados comunes. Esto probablemente se hará en el curso de ese año y quizás dure también otro.

Dependerá en cualquier caso de vuestra disponibilidad para otorgarle tiempo, capacidades y energía; también de la disponibilidad para hacer trabajo de profundización, de investigación.

Yo tengo en mente una investigación que sea al mismo tiempo descriptiva, explicativa e incluso prescriptiva. Pero no voy a hacer distinciones, por lo menos durante un buen tiempo. Y subrayo de nuevo, enmarcando en una tendencia a construir, a producir, un conocimiento (al menos un poco) simulativo.

Asimismo, aunque en la actualidad existen potentes técnicas y tecnologías destinadas a estandarizar más o menos cada momento de la investigación, y en la perspectiva de la coinvestigación no existen motivos para excluir las encuestas cuantitativas, también en las fases más exploratorias y preliminares, pienso que es mejor que nos orientemos a llevar a cabo una investigación de tipo *cualitativo*. Lo cual, por cierto, y especialmente hoy en día, también puede ser menos fácil de llevar a cabo y puede requerir una formación más larga y exigente por parte de los investigadores y coinvestigadores. Y así llegamos a la delicada pero importante cuestión de vuestra disponibilidad, que a mi parecer es bastante modesta (no existe un gran interés tampoco en aprender).

Pinceladas sobre el método (científico)

El método se va viendo mejor a medida que avanza la práctica de la investigación y no se vislumbra como un sermón separado. Evitemos predicar primero acerca de la metodología en el vacío y luego llevar a cabo la investigación, porque habiendo asimilado poco, después nadie sabe cómo llevarla a cabo. El método debe ser totalmente aplicado y es mejor hablar de él cuando se aplica.

Pero hay más aspectos y dimensiones del método en sí mismo. Puesto que la investigación se basa en una peculiar cientificidad, está bien señalar en primer lugar el método del conocimiento científico, es decir, la aplicación del «método científico» a la hora de conocer y a la hora de producir conocimiento. Dentro de lo que yo he llamado ciencia galileana, tiene lugar un discurso sobre el método que no es tan simple y lineal.

Aplicación quizás sea la palabra que designa la acción más importante del mundo, sin embargo tiene un significado oscuro, que es dejado de lado por casi todo el mundo. Todos los recursos y casi todas las utilidades, es decir, casi todo, debe ser aplicable. En mis viejas lecciones de sociología (las ilegibles) en el segundo tomo del tercer volumen, ya dediqué un capítulo a la cuestión de la aplicación; se trata de un capítulo de carácter exploratorio, poco claro, donde no todo es culpa mía, porque se trata de una cuestión muy intrincada. Y esta es precisamente la cuestión de la aplicabilidad: la aplicación es una empresa delicada, compleja, jerarquizada y a menudo difícil. Y vuelvo a repetir, que yo sepa, hasta hace pocos años ha sido una cuestión muy poco tratada. Por ello he debido inventar una representación de la misma casi totalmente por mi cuenta y por iniciativa propia. También es cierto, que ahora existe un poderoso conocimiento tecnológico sobre este campo. Llegamos así al método científico que había quedado en suspenso. El llamado método científico de la ciencia que yo llamo galileana. La ciencia galileana no solo es esa ciencia experimental basada en el modelo de la física, sino que es una ciencia que en su performatividad manipulativa se basa en la recurrencia, al tiempo que la idealiza, por medio de un calculo racional sistemático basado en la lógica secuencial, en la separación con el objeto que se manipula. Es la ciencia de nuestra civilización desde hace al menos cuatro siglos. Hasta hoy, el método galileano ha constituido la base sobre la que producir ciencia, pero hoy comienza a ser cuestionada incluso desde dentro de esta producción. En cualquier caso, sus alternativas todavía no han madurado suficientemente.

El método científico viene mitificado en exceso, pero en realidad este debe ser redefinido de cuando en cuando, al tiempo que existe una gran libertad a la hora de redefinirlo dentro de sus propias reglas, que son más bien amplias (así lo ha demostrado de forma bastante polémica un epistemólogo anarquista, exhibicionista y narcisista llamado Feyerabend, pero que no es anarquista más que en apariencia). El hecho, sin embargo, de que Feyerabend haya demostrado que el llamado método científico se reduce en su práctica a unas pocas reglas bastante banales (como yo también he escrito en profundidad en alguna otra parte), no omite que en numerosas ocasiones estas reglas sean ignoradas por los así llamados científicos. Cuando estos explican retrospectivamente como llegaron a un descubrimiento concreto, casi siempre mienten sobre cómo llegaron allí, sobre todo porque ni ellos mismos suelen ser muy conscientes sobre ese hecho (en numerosas ocasiones ni siquiera realmente sabemos cómo hacemos las cosas) y no pocas veces han llegado al mismo por pura casualidad. No obstante, existen algunas reglas. Y, repito de nuevo, el método científico se reduce a la adhesión a estas pequeñas reglas, básicamente sustentadas en el realismo o en el sentido común.

Se trata de un método para una actividad muy compleja, compuesta de muchos aspectos. Y ello implica moverse con atención y curiosidad observando sistemáticamente, obteniendo resultados al hacer ciertas previsiones que parten de determinadas teorías, a las que se van añadiendo otras aproximaciones que contienen más hipótesis y conjeturas sobre lo que tiene lugar en un nivel concreto y en un contexto particular (tomando en consideración las nuevas hipótesis que se incluyen en la derivación de las premisas). Para Feyerabend esto es lo esencial. Los neopositivistas piensan de otro modo: no tiene demasiado sentido que intentemos ponernos de acuerdo con ellos.

Luego está la versión *hard* más propiamente galileana, donde se pone en marcha un experimento, que se repite posteriormente en infinidad de ocasiones, en un aburrimiento mortal; y la versión *soft,* propia de las ciencias sociales y humanísticas, que marginan el experimento, observando con sistematicidad los aspectos recurrentes de la vida, siempre idealizando y objetivando, en la manipulación del objeto humano. Hoy las dos versiones, la *hard* y la *soft,* están convergiendo.

Nosotros en la coinvestigación, más que al experimento recurrimos a la experiencia, que son cosas totalmente distintas y a menudo están en contradicción. Así pues, para la coinvestigación esta formulación de Feyerabend encaja bastante bien.

¿Los descubrimientos científicos son realmente realizados siguiendo el método científico idealizado por los neopositivistas, que los llamados científicos de dicha escuela consideran canónicamente obligatorio y que es lo que legitimaría (siendo más bien una cuestión de legitimación de la ciencia que no de la potencia cognitiva) la investigación científica real? Parece ser que no. De hecho, el sociólogo de la ciencia Elkana distingue de forma muy apropiada una imagen de la ciencia en la que opera demasiado la retórica científica y afirma que la ciencia usa mucho la retórica, es decir, que la ciencia cuenta muchas mentiras porque para ella (es decir, para aquellos llamados científicos) es sobre todo una cuestión de imagen, de autorepresentación. Es decir, la ciencia debe venderse, y de hecho se vende muy bien contando mentiras y leyendas sobre sí misma: esto es lo que concierne a la imagen de la ciencia. Tal imagen es distinta del auténtico corpus del conocimiento científico que incluye el método y el conocimiento homologado; esto es ya otra cuestión. Sostengo que dicha distinción es muy importante en mi idea de la coinvestigación, por lo que se deberá retomar este dualismo entre cuerpo/imagen, insistiendo también en las imágenes de la investigación científica y no solo en el corpus de la ciencia, especialmente entendido como método.

Sin embargo, en nuestro caso particular, el método, por la particularidad que adquiere su puesta en práctica, tiende a considerarse, al menos en las etapas iniciales, la parte más importante de la coinvestigación. De hecho, se trata de experimentar y explorar sobre un conocimiento metodológico de una manera científica particular. Como ya he dicho al introducir la lección propedéutica del seminario, debemos desarrollar principalmente un meta-método/planteamiento. Es decir, el método/planteamiento de partir de la ambivalencia para hacer crecer la dimensión autónoma; hacer crecer un punto de vista dirigido a la realidad y a la realización de la propia proyectualidad, que por un lado da por descontado la capacidad del capitalismo (y el capitalista colectivo que es detentador del poder constituyente) para reabsorber la transgresión y el antagonismo a través de su movimiento de acumulación, así como también de otro tipo de invenciones de alteridad, que sin embargo ya están produciendo transformación, por abajo; por otro lado, en el corto-medio plazo, se trata de seguir rompiendo el equilibrio de lo apenas constituido o de aumentar ciertas contradicciones, reabriendo continuamente, de forma permanente, nuevas posibilidades e iniciativas de autonomización, hacia una alteridad con más o menos proyectualidad y menos cerrada por abajo. Y así que, dada la naturaleza jerárquica del sistema, sea capaz de elevar al máximo posible las grietas, las transformaciones, las luchas.

Repito y subrayo de nuevo: procesualidad abierta de la coinvestigación dentro y contra la procesualidad limitada y gobernada, así como contra la innovación limitada y gobernada propias del capitalismo; que en ocasiones también puede instalarse, especialmente en el plano local, en el plano de la defensa de algunos aspectos del presente o de ciertos retornos, pero que suele tender a ir más allá y hacia lo otro de acuerdo con el deseo y la voluntad de liberación. Y sobre todo liberación de las capacidades humanas de la *mercantilidad* y la *mercantilización.* Esta es la auténtica condición *sine qua non.*

Después tenemos el método del arco quincenal y situado por debajo el sub-método de la co-investigación singular. Ya veremos alguna cosa con mayor profundidad, esbozando los momentos de la investigación. Ahora atención: no confundamos la aplicación del método científico en los métodos de investigación a estos niveles con la importantísima cuestión —que veremos más adelante— del «método organizativo», es decir, la organización con la que se pretende llevar a cabo el trabajo o la actividad colectiva y cooperativa (en la coinvestigación). Esto es algo fundamental.

Por tanto, es en el marco de la aplicación del método científico (en una versión más o menos *soft,* como es característico de las ciencias sociales) donde concretamente tendremos que dar cuenta de estas cosillas que he comenzado a mencionar. No debemos asustarnos, de hecho con la experiencia esto no será difícil comprender, dado que estaré con vosotros en el comienzo de la investigación experimental y formativa que ya hemos mencionado, y espero en compañía de alguna otra persona experta en el área de las investigaciones empíricas/inductivas en ciencias sociales. Caso de que realmente se lleve a cabo la investigación.

Distinciones canónicas

Añado al primer pequeño discurso sobre el método (científico) algunas distinciones canónicas que se pueden hacer en el ámbito de la investigación científica.

Investigación empírica y no empírica

Las cosas que de ahora en adelante se van a comentar valen para aquello que de forma genérica y acríticamente se suele llamar «investigación empírica», o el trabajo de campo, entendiendo con ello la investigación inductiva que no procede únicamente de fuentes escritas convencionales. De hecho, nuestra investigación tendrá tales modalidades empíricas y se desarrollará dentro y sobre un campo. Pero no solo eso, ya que también se refiere a la revisión o incluso a la elaboración *ex novo* de teoría fundamentada y eficaz; una parte no pequeña de la cual también podrá aplicarse para la investigación sobre fuentes literarias. Por eso, nosotros mismos debemos incluir, como un momento importante y permanente de nuestra investigación, el desarrollo paralelo, más o menos permanente, de esa investigación no siempre inmediatamente empírica, aunque siempre debamos confrontarla e interrelacionarla con esa empiricidad. También con lo que se estudia.

¿Cuál es la diferencia entre investigación y estudio? El estudio es una manera de aprender un conocimiento que ya existe; la investigación es producción de conocimiento nuevo, de cualquier forma. La distinción quizás es más sutil y relativa de lo que pudiera parecer. Quizás.

Investigación cuantitativa e investigación cualitativa

Otra distinción canónica recurrente, que ya se ha planteado con anterioridad, es la que se da entre investigación cuantitativa y cualitativa. La investigación cualitativa es aquella que no se basa en la cuantificación y la medición de las variables, y que además después no pretende hacer un uso sistemático de datos e informaciones cuantitativas. La investigación cuantitativa es justamente lo contrario. Comencé por esa cualidad (negándola) porque nuestra investigación, como ya he señalado, se caracterizará principalmente de esta forma: será principalmente cualitativa. No obstante, la puerta siempre está abierta a la posibilidad de que dentro de la investigación y de forma subordinada e instrumental se incluyan algunas pequeñas investigaciones de tipo cuantitativo, en cada una de las fases anuales, comenzando posiblemente en la primera (para producir y especificar ciertas hipótesis).

Solo quería que se reflexionase y se subrayara que en la actualidad, todavía hoy, hacer investigación cualitativa es a menudo menos fácil y requiere de un poco más de inteligencia, reflexividad, calidad en la capacidad de investigación y también experiencia, crítica. Capacidad de hacer, cada uno lo suyo: así como de transmitir y otorgar a los otros. Y sobre todo capacidad de experimentar (y no tanto, o únicamente, de experiencia, que es otra cosa).

Movilización cognitiva

Hoy nos vemos en una época que algunos con sarcasmo denominan de movilización cognitiva, en la que todos nosotros nos vemos presionados y movilizados para ser muy productivos cognitivamente, dejando de lado todo lo demás. Sobre todo la ciencia del ser humano está hoy reducida a ser una ciencia cognitiva: solo cuentan ciertas funciones del cerebro así como componentes de la mente; el resto del cuerpo o de la corporalidad humana en su totalidad cuenta poquísimo. Lo que no interesa a este nuevo cognitivismo interdisciplinar (ya no solo psicológico, sino también y en cantidad cada vez mayor sociológico, así como antropológico-cultural, aunque más bien sea neoconductista, académico y socialmente sistemático) cuenta bien poco, en particular en el mercado académico, pero no solo.

Dicen que, en estos momentos, se está desarrollando una sociología cognitiva y un cognitivismo sociológico mucho más potente que el cognitivismo psicológico, porque mientras el enfoque psicológico consideraba la mente aislada, el enfoque sociológico estudia la cooperación que existe entre muchas mentes. Estudia el intercambio cooperativo e incluso microoperativo. Y esta es otra cuestión que va a interesar mucho a nuestra coinvestigación, porque está hecha a partir de muchas mentes (o es lo que esperamos, con excesivo optimismo). La coinvestigación es una cooperación entre mentes o no es coinvestigación. Sin embargo, al menos en el caso de nuestra investigación, no es solo una cuestión de mentes, sino también de cuerpos en su totalidad: remarco, en su totalidad y no divididos en pedazos, como es ya la regla general de la supervivencia neo-moderna. Mientras, repito, el cognitivismo saca la mente del resto del cuerpo, aislando y apartándola de todo lo demás. En su lugar yo digo: una coinvestigación de sujetos enteros, no obligados a ser solo mentes, sino capaces de ser o esforzarse por ser personas o sujetos enteros (lo que en mi lenguaje particular quiere decir algo muy particular). Ya llegaremos a ello.

Una primera pareja de elementos cognitivos a discriminar: datos/informaciones

Me refiero ahora a dos parejas conceptuales: por un lado, *datos* e *informaciones* y, por el otro, *saberes* y *conocimientos*. Repito aquí también mis definiciones distintivas de estos importantísimos conceptos, palabras, entidades. Veamos ahora la primera.

Nosotros, en el entorno de la investigación, sentimos a menudo la necesidad de hablar de producción del dato, interpretación del dato, producción de la información, interpretación de la información, etc. Para entendernos, esto implica que se tiene una idea cuanto menos precaria de lo que son los datos y sobre todo de qué cosa es la información. Tanto más aún porque venimos de una época (que está llegando a su fin) de una fuerte mitificación e idealización de la informática y del concepto informático de la información; época que ahora se está convirtiendo en la idealización y mitificación de lo cognitivo, lo cual quizás sea un paso adelante. Lo informativo, es decir, lo informacional, es visto en la actualidad únicamente como el primer estadio de lo cognitivo.

Los datos, recoger y elaborar datos, ¿pero qué son los datos? Los datos suelen definirse como huellas, rastros dejados por eventos que de una forma u otra tuvieron lugar. No necesariamente datos escritos, pueden ser también datos visuales, sonoros, multimedia. A través de estos datos podemos reconstruir y comprender cuestiones relativas a eventos que se nos muestran oscuros; nosotros, porque precisamente los datos son pasivos, inertes, silenciosos, solo dicen si nosotros les hacemos hablar. Primero es necesario decir que no es verdad que necesariamente sean solo datos cuantitativos, en absoluto.

¿Qué es realmente la información? Respondo de esta forma: la información es una diferencia que crea una diferencia. Ninguno de vosotros esperaba esta definición, poco informativa, pero que sigue siendo la definición más pertinente, más justa, más científica, rigurosa y también más potente. Todas las demás —muy fáciles de encontrar— son mucho más estúpidas y hacen perder mucho de lo que constituye la información ¡Pero podemos colocar esas definiciones dentro de esta. ¡Hacedlo!

Ahora bien, la información es una diferencia; nosotros la notamos, la observamos, podemos captar su contenido porque en la realidad que estamos observando encontramos que hay una discontinuidad, una diferencia significativa que se destaca entre las ondas. Si no hubiera ninguna diferencia, no lo percibiríamos, no nos atraería: su esencia diferente nos golpea y transmite algo que es inherente a su diferir. Opera en algo que ante todo es una diferencia con otra cosa.

Las informaciones crean no obstante otras diferencias, ¿dónde? En el saber y en el conocimiento. La información puede ser considerada una sola cosa, por subrayar que no es un proceso, como ocurre con la comunicación. Más concretamente, la información es un fenómeno relacional: no es tanto una cosa, como sobre todo una relación especial o algo que sucede dentro de una relación especial. La información solo existe en el momento en que alguien la capta y alguien muestra un interés por esta relación; así es siempre una relación operativa. Por otro lado, la operatividad de la información desemboca en la producción de una diferencia en el estado de un saber o conocimiento (cálido o de seres humanos, o quizás frío o de medios o máquinas), que en su forma integrada, deconstruye y reestructura: no tanto haciéndola más grande, sino más potente. Repito: más profunda, más detallada, más actualizada, además de mayor, porque, por supuesto, la cantidad y sobre todo la calidad de la información seleccionada es siempre una potencia. Un poder que potencia el saber y el conocimiento, que su vez potencian la capacidad a la hora de actuar o transformar.

El saber y en mayor medida el conocimiento, como veremos a continuación, son un fenómeno mucho mayor que la información, a los cuales esta última es funcional. La información permite de forma diversa y más directa los desarrollos del saber/conocimiento. La misma información se convierte en una cuestión cognitiva, sobre todo porque es un momento funcional al saber/conocimiento, es desarrollo, renovación y crecimiento de saber/conocimiento. Siendo así no debemos confundirla con la pareja saber/conocimiento, hasta el punto que es esta pareja la que define lo cognitivo, que es donde se inserta la información.

En ocasiones sin embargo la información (seleccionada por algunas de sus calidades) parece actuar transformando la realidad directamente; parece ser directamente operativa ¿Pero es esto cierto? ¿O es quizás directamente operativa y de forma automática siempre un saber/conocimiento (tal vez de un medio o de una máquina)?

Aquí no voy a hacer ya distinción entre datos e información y a menudo cuando hablo de información también me refiero a los datos.

Saber/conocimiento

Una segunda pareja cognitiva, al menos hasta cierto punto, porque a mi parecer escapa a los límites de lo cognitivo, en especial de lo psicológico es el saber/ conocimiento.

Saber es poseer en uno mismo conceptos o representaciones —móviles, interconectadas y operacionalizables— de cómo están y cómo funcionan las cosas y del por qué, por tanto, un sistema de informaciones está integrado de una determinada forma. En cambio, yo denomino conocimiento a un saber consciente, lo que implica saber qué es la conciencia, que yo distingo también de la consciencia.

El saber es aquí, por tanto, la parte más elemental del conocimiento. Ambos son sistemas estructurados e integrados, que siempre están en proceso de reestructuración y modificación —a veces para enriquecerlos y otras veces no— por medio de nueva información. De esta forma vemos que el saber/conocimiento necesita por un lado de información cualitativamente seleccionada; por otro, las informaciones cuentan en la medida que conducen a una renovación del propio saber/ conocimiento. El conocimiento es un saber consciente, producido a través de la reflexión. El conocimiento científico es aquel que se produce según las reglas del método científico que acabamos de mencionar y está más o menos homologado.

Nosotros hablamos aquí sobre todo de conocimiento porque creemos que en la coinvestigación (en especial sobre los comunicantes) se requiere bastante conciencia de qué es lo que se sabe, de cómo se sabe y por qué y con qué consecuencias. Por tanto una mínima meta-conciencia.

De este modo, la información auténtica (en su dimensión cognitiva) siempre reestructura el saber y el conocimiento, los modifica: en general, y subrayo, los hace crecer y hace que aparezcan como mejor fundados,

le otorgan una mayor potencia, también representativa
(además de descriptiva, explicativa, predictiva, norma-
tiva, simulativa, etc.). Al igual que el saber, el conocimiento es siempre también un sistema de informaciones
que aparece estructurado y por tanto elaborado, que
vuelve a ser siempre reelaborado. Repito de nuevo, ade-
lantándome, que es mediante esta indispensable elaboración desestructurante/estructurante, que exige una
inteligencia, que es como el conocimiento escapa del
mero campo informático, caracterizado —como vosotros mejor que yo sabéis— por el simple tratamiento de
la información. Tratar la información quiere decir hacer
con ella operaciones que no transforman su contenido,
como por ejemplo, desplazarla, transmitirla, incorpo-
rarla, archivarla, etc.; en estos procesos la información
no cambia demasiado y por tanto tampoco exige inteligencia. Este es el punto, el mero tratamiento no requiere
de inteligencia, mucho menos de auténtica imaginación
y capacidad simbólica y simbolizante. La elaboración,
en cambio, puede intervenir sobre la información y la
cambia mucho, cambiando sobre todo el sistema integrado en el cual desemboca; de hecho, repito una vez
más, la inteligencia está siempre orientada a cambiar
el sistema integrado de la información que constituyen
el saber y el conocimiento. El saber y el conocer, como
actividad en acto, sirven para incrementar nuestro ba-
gaje precedente de saber/conocimiento. Saber/conocer
en acto, y saber/conocimiento como su *output:* esta es
una distinción ulterior y no obstante importante. El sa-
ber/conocer por tanto no se contenta con el tratamiento,
sino que requiere de elaboración, para poder incremen-
tarse y por tanto requiere de inteligencia: la elaboración
siempre requiere de inteligencia. A la vez, se dice que
el tratamiento de la información es estúpido. La elaboración es en el co-actuar, momento que requiere y desarrolla la riqueza de las capacidades: aquí, junto a la

inteligencia, también convergen la inventiva y la imaginación. Se trata del punto culminante de la formación y
debe reproducirse en la comunicación. Y este debe ser
nuestro interés estratégico primario.

Distinción de la investigación en momentos

Como ya he dicho anteriormente, la investigación en
general se distingue en tres (o cuatro o más) partes,
donde cualquiera de las cuales puede posteriormente
distinguirse en sub-partes o momentos: yo aquí distin-
guiré analíticamente seis. Estas son: 1) la formulación
inicial de pre-hipótesis provisionales (tanto de contenido como de método) relacionadas entre sí (más
o menos) dentro de una realidad en transformación/
constitución; 2) la recogida y producción de datos e informaciones, la obtención de ciertos saberes y conocimientos ya existentes, así como un primer tratamiento
(y elaboración); 3) la interpretación y posterior elaboración de los datos y la información; 4) la estructuración de un nuevo conocimiento; 5) su difusión como
reconducción y reintroducción del conocimiento en
una realidad y en la constitución/transformación de la
misma y donde de alguna manera llevamos a cabo un
cierto reencuentro y verificación; y 6) la valoración de
la experiencia coinvestigadora llevada a cabo y la proyección de las sucesivas investigaciones-fases, aprendiendo de los errores.

Aunque los he formulado de esta manera, estos seis
momentos ideales en una secuencia ideal en una práctica efectiva no solo puede que vayan en un orden diferente al que hemos establecido, sino que unos vuelven a
otros, como fractales, unos dentro de otros, de acuerdo
con los diversos niveles de realidad, de representación
e investigación. Se trata de un aspecto muy delicado,

al que volveré más tarde en el desarrollo práctico del hacer de la co-investigación.

Una advertencia: no confundamos estos seis momentos en los cuales se puede, de forma ideal, subdividir cualquier coinvestigacion / fase anual de la secuencia quincenal de las coinvestigaciones / fases singulares anuales en las cuales dividimos la investigación que se desarrolla durante 15 años. Repito que esta subdivisión de cada coinvestigación singular anual es un tanto estándar y se repetirá, con algunas variantes, en las otras. Incluso en una preinvestigación y en una pequeña coinvestigación como con la que vamos a iniciar, en una subinvestigación preliminar todavía dirigida únicamente a extraer hipótesis, pueden distinguirse estos seis momentos estándar.

Muchas cuestiones posteriores sobre estos seis momentos, sobre todo en la dimensión formativa y autoformativa, experimental, van a ser profundizados en la práctica, por mí y por otros asistentes; pero no aquí en abstracto, en el vacío de la experiencia coinvestigadora. Mientras que muchos de vosotros queréis saber todo de antemano, e incluso en detalle, mostrando vuestra ansia por tener garantías sobre todo previamente y en abstracto, palabra por palabra. Tanto es así, que predigo que habiendo muchos que no encontrarán una satisfacción en esto pronto desaparecerán. Así son las cosas hoy entre muchísimos jóvenes: esta sería ya otra hipótesis interesante sobre el contexto de la situación sobre la que podríamos coinvestigar.

Primer momento: formulaciones e hipótesis iniciales

Ya he dicho qué son las hipótesis y la importancia que tiene al comienzo poseer una cierta cantidad de hipótesis contradictorias, porque eso significa que se da

una situación que permite llevar a cabo la investigación. Ya he anticipado que la parte *a* y el primer momento de la investigación misma consiste en producir
(colectivamente, en común, por medio del conflicto)
un primer conjunto tendencialmente sistémico[4] de
hipótesis provisionales, posiblemente problemáticas
y contradictorias: que tienen que integrarse después,
pero también seleccionarse, en la consecución de la investigación. Aquí es donde comienza la investigación.
Algunos de los próximos puntos en donde articularé
el discurso de profundización guardarán relación con
este punto de partida, el cual todavía no requiere de
un auténtico «poner los pies en el barro», como dicen
algunos.

Me interesa remarcar el paso de las prehipótesis
a las hipótesis sucesivas, más fundadas, definidas,
articuladas y numerosas, pero también posteriores,
sucesivas en el tiempo, en un proceso interminable.
De hecho, la coinvestigación puede pensarse como
algo permanente e infinito, como el ya mítico «poder
constituyente». La coinvestigación parte de ciertas hipótesis sobre la realidad y sobre su transformación y
enriquecimiento, y desemboca casi siempre en nuevas
hipótesis para su posterior transformación, permanente y perenne, en una cierta proyección constituyente y
creativa.

Hoy existen técnicas e instrumentos para todos los
momentos de la investigación: ya veremos si eventualmente existen elementos que nos puedan ser útiles incluso en este primer momento.

---

[4] Sistémico en el sentido de que las hipótesis son interdependien-
tes en tanto partes de una totalidad.

Algunas formulaciones de H. Simon[5] entre otros

Voy a introducir ahora una complicación mayor que se puede también ignorar, saltar. Está bien saltarse este párrafo las dos primeras veces que se lee (de hecho, este artefacto metodológico es para estudiarlo y enseñarlo, no solo para leerlo) y probar a leerlo solo de la tercera vez en adelante.

Un autor que desde hace muchos años incluyo en el examen, Herbert Simon, en un libro muy sencillo,[6] formula más o menos así los momentos de un *proceso de toma de decisión* en su secuencia ideal: 1) investigación 2) construcción de alternativas, 3) elección de alternativas, 4) valoración *ex post.* Bueno, esto es una distinción, definición y conceptualización del decidir (no directamente del investigar, pero que contiene un momento que él denomina, a mi parecer de forma inoportuna, «investigación» y que yo en cambio la defino como «investigación decisional»). Esto nos interesa a nosotros porque

---

[5] La introducción en este momento del proceso decisional de Simon complica muchísimo las cosas.

[6] H. Simon, *Informatica direzione aziendale e organizzazione del lavoro,* Milán, Franco Angeli, 1988. Un texto que resulta tan fácil que muchos estudiantes lo escogen para el examen, si bien consideran estúpido al autor por fácil. Sin embargo el autor es tan bueno que consigue decir de modo sencillo cosas dificilísimas, podemos decir que es el Taylor del capitalismo contemporáneo, neo-moderno: un premio Nobel, Nobel de Economía, siendo psicólogo. Se trata de uno de los hombres por los que existen los ordenadores y la informática, y quizás mañana la inteligencia artificial. Una de las pocas grandes mentes del capitalismo neo-moderno. Herbert Simon posee ideas muy claras y, de hecho, el capitalismo ha podido llevar a cabo pasos de gigante debido a que posee mentes así a su servicio; dentro de un campo donde no se han dado grandes pasos de gigante por parte de ningún otro sujeto histórico colectivo y quizás global, sí es que todavía existe tal cosa.

el proceso decisional en su procesualidad puede extenderse al hacer, más en general, en tanto que co-actuar es siempre un proceso decisional (como ya señalan los sociólogos de la decisión). Por tanto, un proceso que se extiende más allá de llevar a cabo una investigación o del proceso de investigación (también científica) como forma particular de co-actuar (y también de resolver problemas, que quizás sea un hacer especial que puede ser reducido a lo cognitivo), además de un decidir particular: a su vez el hacer no (muy) repetitivo, no (muy) rutinario, es ya quizás decidir.

Ahora bien, la investigación, considerada en analogía con el decidir, recursivamente, como en los fractales, es entendida de dos formas diversas: en mi acepción general esta aparece en el proceso general de la investigación, implica a su vez también decisiones y procesos decisionales. En la secuencia simoniana, en cambio, la investigación decisional es la primera fase, pero en realidad es una sub-fase de un proceso decisional, como siempre ocurre en Simon, aunque de forma impropia.

Así pues, si combinamos los dos significados, considerando la investigación en general como un proceso decisional, que a su vez es sub-divisible en estos cuatro sub-procesos, que llamamos fases decisionales (que coinciden de forma parcial con mis seis momentos), la primera fase decisional de la investigación en general será no obstante la investigación para decidir la investigación.

Si enfrento las cuatro fases decisionales simonianas con mis seis momentos veo que mi primer momento (formulación de las hipótesis) está solo implícito en el esquema de Simon; el segundo momento que planteo (recogida de datos, informaciones y conocimiento) coincide con su primera fase; mi tercer y cuarto momentos se ubican en la tercera y cuarta fase decisional, pero sin embargo son un poco diferentes de la concepción simoniana; el quinto momento no aparece dentro del esquema de Simon; en el último coincidimos. Quedaría profundizar en la diferencia relativa entre mis dos momentos centrales (interpretación/elaboración y producción de nuevo conocimiento) con sus dos fases decisionales más importantes (construcción de alternativas y elección): probar a llevarlo a cabo vosotros, mientras tanto.

Me interesa particularmente la formulación simoniana y su terminología porque no solo ha supuesto una fuerte contribución al desarrollo de la tecnología, ya sea de la inteligencia, ya de la investigación y el conocimiento, sino también porque su lenguaje se repite en gran parte en esas áreas. Sin embargo, también nosotros hoy, desde distintos puntos de vista y direcciones debemos atravesar este cruce que interconecta epistemología, filosofía del conocimiento, metodología (científica), tecnología del conocimiento y de la inteligencia (y de la comunicación).

La tecnología de la investigación, del conocimiento y de la inteligencia nos interesa en la actualidad no solo como objeto de la coinvestigación y del hacer hiperproletario, sino porque nosotros mismos debemos usarlas de forma peculiar, crítica, en nuestro proceso de coinvestigación, a fin de poder potenciarlo. Por esto es preciosa la competencia de los hiperproletarios en la especialización (que se desarrolla en la coinvestigación), incluso más que aquella que sucede entre intelectuales o intelectualillos tradicionales. Todavía no es fácil, por prejuicios recíprocos, hacer cooperar a estas figuras diversas entre sí; porque existe una necesidad de que ambos se doten de un lenguaje común que los vincule, que sirva de interconexión recíproca, de interfaz, que es un poco lo que estoy haciendo aquí yo: una interfaz, ni más ni menos. Simon, por ejemplo, se interesa

también por construir un pequeño puente entre ciertas
reflexiones artesanales y tradicionales, y las metodologías intelectuales de conocimiento e investigación de
las tecnologías actuales, hiperindustriales y científicas;
un puente que se establece en su método organizativo
y en su racionalidad particular, y que por tanto resulta
rico en medios y máquinas que son al mismo tiempo
potentes y potenciadores.

Volviendo a Simon, este autor ve la investigación
como la primera fase de un proceso decisional efectivo
y no una falsificación. Como, por otra parte, para cualquier proceso de solución de problemas, ya que existe
también un paralelismo importante y significativo entre el proceso decisional y el proceso mediante el cual
nosotros resolvemos los problemas, al menos una parte
de nuestra acción no (muy) repetitiva y quizás efectiva
de investigación: que son problemas auténticos, vaya.
Donde el *problem solving* es todavía precedido, de forma ideal, por el *problem setting* y de esta forma por la
estructuración del problema (aquí se encuentran quizás
las formulaciones de hipótesis). Así, en la coinvestigación, la investigación no solo servirá para buscar una
solución a una gran cantidad de problemas teóricos y
prácticos, a medida que avance, sino que al investigar
coinvestigando se plantea un complejo meta-problema.
Además, la parte del co-actuar humano, que todavía no
está estandarizado y procedimentalizado, siendo por
tanto todavía elaborativo e inteligente, se plantea y surge como un proceso para la resolución de problemas
y de toma de auténticas soluciones. Nosotros debemos
enfocar la coinvestigación de esta forma, empezando
por nuestra propia investigación.[7]

---

[7] Como ya he precisado muchas veces en mis textos, yo no «de-
nuncio» y combato esta procesualidad. De hecho, señalo que su
crecimiento es el crecimiento de la potencia del co-actuar indivi-

En la procesualidad continua y abierta de la coinvestigación (ya sea por las encuestas en secuencia, ya por la comprensión de una jerarquía de sistemas de acciones que son problemáticos y por las propias implicaciones de la investigación) siempre habrá en diversos niveles una copresencia y una superposición parcial de las fases decisionales y de los momentos que componen la investigación, o al menos se producirá un retorno cíclico a las diferentes fases. Y se necesitará saber separar, discriminar, distinguir y discernir de forma analítica. También clasificar.

---

dual y colectivo, de forma positiva (nosotros no podemos perder tiempo y energía problematizando todo, es necesario poder mantener una cierta rutina, lo que va muy bien). No soy ludita, lo que digo es que los medios, en tanto que son medios-capital se ven distorsionados y ven su potencia limitada. Quiero que esta potencia no dañe la riqueza de las capacidades humanas. Por eso quiero denunciar y combatir otras dos cosas. En primer lugar: la división del trabajo y del hacer en donde una grandísima parte del hiperproletariado solo lleva a cabo una co-actividad procedimentalizada. Segundo: la tendencia a la procedimentalización (incluso con modelos y tendencias a la moda) de todo co-actuar humano. En términos «reformistas» estoy a favor del desplazamiento del lugar de los humanos hacia un importante (y por ello «nuevo») co-actuar, que tenga una potente y exigente capacidad, rica y enriquecedora de la supervivencia y de la problemática/inventiva, por ende articulada e inteligente, paralela a la que lleva a cabo la rutinización mecanizante pero en un tipo de maquinaria diferente. Y más aún si es de forma autónoma, incluso en los términos de la explotación, esto es, todavía dentro del marco del capitalismo. De forma reformista, en un capitalismo distinto a este. Porque estoy convencido de que esta riqueza de las capacidades humanas sirve a la revolución, es decir, a la salida del capitalismo, exigiendo la desmercantilización de las propias capacidades humanas: es decir, se trata de un recurso ambivalente indispensable ¿He sido claro? ¿El toyotismo realmente invierte la vía capitalista en este sentido? Sobre este asunto, el punto de vista trabajista confunde muchísimo las cosas.

Mi segundo momento y la fase decisional 1: la recogida

Hay así una fase inicial, que ya hemos visto, de formulación de las hipótesis de la investigación, en la que
se debe producir un poco de información y datos mediante su recopilación (paralelamente a la formulación
y estructuración inicial del problema) y, por lo tanto,
mediante la elaboración y la reflexión (y, en un subni-
vel, esto ya contiene fractalmente subdecisiones). Pero
luego hay una segunda etapa, más específicamente, de
recopilación de datos, información y también del conocimiento ya disponible; casi exclusivamente recogién-
dolos, por lo tanto, con poca elaboración.

Simon reduce de forma explícita toda la investigación decisional a esto, empobreciendo la misma de este
modo, aunque se trate de investigación aplicada, dirigida a la solución de problemas particulares. En cambio
yo, al plantear la investigación general en el segundo
momento, coloco el corazón de la investigación en la
segunda y tercera fase de su decisionalidad (tercer y
cuarto momento), donde uno ya está situado más allá
de los objetivos que persigue esta toma de decisión focalizada, circunscrita y plana, en un proceso de investigación más intenso. ¿Ha quedado claro? Planteo el
corazón del proceso de investigación en los siguientes
dos momentos centrales (de los seis) que componen la
investigación. No es una diferencia pequeña en lo que
respecta a la perspectiva simoniana. Más que la diferencia que existe entre investigación teórica o practica, o entre investigación pura o aplicada, importan los
diversos niveles jerárquicos móviles que componen la
investigación en general, la repetición y la escala de las
operaciones, así como la serialidad y los modelos organizativos (artesanales e industriales) de la propia investigación, que es compleja y está jerarquizada de forma

interna, con respecto a la complejidad y la jerarquía del objeto sobre el cual se establece la investigación.

Un segundo momento de la investigación es en general esta fase en la cual se deben recoger las primeras informaciones y, añado yo, los saberes/conocimientos de los cuales ya disponemos. ¿Qué cosa quiere decir recoger? ¿Qué uno va a un sitio donde todos los saberes/conocimientos y la información se encuentran dispersos en el suelo y basta con recogerlos y llevarlos consigo? ¿Disponibles en este sentido? Bah, en muchas ocasiones esto también significa producir la información (y ciertos saberes/conocimientos ya disponibles, en el sentido de que alguien los ha producido pero se encuentran en otro lugar o persona que no somos nosotros mismos, es por eso que se realizan coloquios o entrevistas), o al menos concretar alguna parte de su producción. La información casi nunca se encuentra preparada como para poder ser utilizada. También sucede la misma cosa con los saberes/conocimientos: para identificarlos es necesario un tratamiento y quizás algún tipo de pequeña elaboración. Y se necesita tener una idea de la pertinencia y un criterio selectivo del quid de la cuestión que se quiere aclarar. Tratamiento y también elaboración, aunque esta última se concentra explícitamente en el siguiente momento, que denominamos de elaboración; tratamiento y elaboración se encuentran de forma atenuada en todo el proceso de investigación. Pero se necesita trasladarlos, traducirlos, moverlos, para un análisis sistemático.

Veremos en mayor profundidad las técnicas cualitativas y los instrumentos de recogida de la información que vamos a utilizar (observación participante, diarios, autobiografías, historias de vida, entrevistas en profundidad, encuentros o conversaciones guiadas y focalizadas, etc).

Mi tercer momento y la segunda fase decisional simoniana: interpretación/elaboración y alternativas

En el proceso decisional las informaciones sirven para crear las alternativas decisionales (se trata de un modelo para la solución de los problemas similar a cuando se ramifica un árbol primeramente, pero al mismo tiempo se crean las condiciones para la poda posterior y se lleva a cabo un ejercicio exploratorio sobre las ramificaciones seleccionadas desde donde llegar a un objetivo). Esto también esta unido al tercer momento de la investigación en general. De hecho, para nosotros, la información y los saberes/conocimientos de los que ya disponemos nos han servido antes mínimamente para crear hipótesis alternativas de investigación y que ahora deben desarrollarse e integrarse, pero sobre todo para desestructurar después «nuestro» saber/conocimiento actual y/o precedente, construyendo una posibilidad de reintegrarse y así de transformarlo en uno nuevo, posterior. De esta forma, se incrementa, se extiende, también creando y desarrollando alternativas (tras lo cual, después, en el momento sucesivo, se seleccionarán escogiendo las mejores). Este tercer momento y el cuarto, son no obstante distinguibles, si de verdad se da el caso, en el carácter abstracto analítico de una meta-consideración; en la realidad del proceso de investigación estos dos momentos coinciden, uno se encuentra dentro del otro. Probemos no obstante a desenredar a través de la profundización (un poco de forma arbitraria) el tercer momento: la elaboración/interpretación.

Repito: la creación simoniana de las alternativas en los distintos niveles decisionales (y del proceso de investigación) es la segunda fase no solo de una investigación como acción, que implica tomar decisiones, sino de cualquier proceso decisional efectivo, por tanto en una acción no rutinaria y repetitiva. Se necesita algo «nuevo», algo novedoso; aquí se ve ya que algo nuevo no viene de una mera combinación. Para tomar una auténtica decisión se necesita escoger entre alternativas que en cierto sentido sean problemáticas y suficientemente nuevas. De lo contrario ya se está produciendo una elección previa y automática. Pero nosotros sabemos que la falta de rutina no es frecuente dentro de nuestro hacer. Y algo similar ocurre también con la investigación en general. El objeto de estudio debe, al principio, ser una novedad efectiva y también un plano oscuro para nosotros. Veremos que es un gran problema establecer que es auténticamente lo nuevo y cómo se produce.

De acuerdo con Simon, las alternativas, no obstante, construyen y se construyen entre sí recombinando crítica y creativamente (imaginando por tanto lo nuevo) las informaciones (desde un enfoque bastante informático, que yo no comparto tanto, porque me parece reduccionista). Comenzaré añadiendo inmediatamente: también recombinando saberes/conocimientos de los que ya se dispone. Sin embargo la investigación y la recogida de las informaciones y saberes/conocimientos pueden permitirnos crear alternativas: esta es la idea simoniana que yo ahora hago mía. ¿Pero qué significa esto en una investigación exploratoria? ¿En la desestructuración/reestructuración de un conocimiento para que tenga una mayor potencia? Tenemos qué profundizar más.

Como ya hemos visto, no conviene chuparse el dedo y, dentro del paralelismo que acabo de mencionar, digo a la vez: ya desde el inicio la diferencia de opiniones, utilísima y fecunda en la investigación, puede presentarse también como una presencia de alternativas; necesitamos desde el comienzo más alternativas, muchas alternativas, alternativas reales y no impostadas. Se necesitan muchas hipótesis alternativas entre las cuales seleccionar aquellas que fundamentalmente parecen las mejores. Esto ocurre con la información alternativa, sobre todo en los momentos donde el saber/conocimiento alternativo se encuentra en proceso de con-formación para desarrollar nuevos saberes/conocimientos conformados y reintegrables. En ese momento la atención se desplaza a esa construcción/selección idealmente sucesiva, que requiere de una reflexión valorativa compleja y comparativa, de un cotejo potente y complejo, de correspondencia con el plano de la realidad (un proceso de verificación que en nuestro caso, sin embargo, no finaliza en un único momento, en un proceso más o menos estandarizado, porque se desarrolla a través de la transformación adecuada a nuestro proyecto móvil y abierto que ya ha proyectado ideas o imágenes novedosas y de alteridad, orientadas por tanto a un recorrido que es singular/colectivo) al movimiento que esta adquiere y a la perspectiva de su transformación, la cual es precisamente la mayor parte de mi idea de la interpretación/elaboración como tercer momento de la investigación. A partir de este momento (empezando por las hipótesis iniciales, pero siguiendo después por las hipótesis que se derivan de estas, así como por las nuevas alternativas que de forma continua se van produciendo a sí mismas, sobre las cuales a su vez nos interrogamos, re-hipotetizando, sub-hipotetizando y meta-hipotetizando) las alternativas se incrementan, se articulan y se re-articulan, se agregan y se desagregan; y a partir de ahí ya se seleccionan.

Repito de nuevo: conocimiento nuevo o al menos conocimiento renovado. Porque si este conocimiento ya existía o era igual también antes (suponiendo que la investigación no sea totalmente estéril), la investigación no se habrá producido; o como mucho esta ha consistido en informarse sobre dónde estaba situado este conocimiento frío (o cálido) ya existente, ya producido por cualquier otro o por nosotros mismos de antemano, tomando la información sin llegar a elaborar nada en este ámbito. Esta habrá sido solo una impostación de los resultados de una investigación ya existente como conocimiento, o en cualquier caso como datos o informaciones a reelaborar. Ahora bien, toda nueva elaboración de informaciones (incluso la ya disponible en distintos archivos) puede ser considerada para llevar a cabo una nueva encuesta. Por tanto, lo que define una investigación y la distingue de las demás no es la mera recopilación de información, sino que es la elaboración lo que constituye el punto culmen de la investigación en general.

Una precisión: el nuevo conocimiento y su elaboración sirven para transformar lo existente y abolir la realidad, estando en relación con el desarrollo del enriquecimiento de las capacidades humanas. Pero para que la forma que adopta la realidad pueda ser nueva, este nuevo conocimiento debe ser un contra-recurso, una contra-herramienta. Esta meta-novedad es aquella que se quiere alcanzar, la meta-finalidad. La *nueva* forma, porque forma parte de otra realidad global. Así, el nuevo conocimiento puede aceptar la combinación y la reintegración de lo ya existente, pero en la forma de la realidad que planteo, la mera combinación de lo existente, es decir, llegar a juntar aquello que ya está, raramente resulta aceptable. La idea de lo nuevo que nos interesa no es tanto el resultado de combinaciones aleatorias, sino que se fundamenta y radica en su proyectualidad abierta, y por ello también abolitiva, de lo existente. Es por ello que también señalo: vayamos despacio con ciertas maneras de declarar muerta toda

dialéctica. Esta diferencia ardua y decisiva, sin una distinción de los niveles de realidad, puede parecer e incluso
convertirse en un asunto superfluo e inútil. Atentos,
en determinados niveles, las combinaciones y los *cros-
sovers* no nos llevan ni mucho menos en la dirección a
una salida del capitalismo, no nos liberan de nada; nos
hacen girar y centrifugar, nos atrapan en laberintos, nos
empantanan, con una mayor o menor ligereza. Es decir,
no enriquecen ni nuestra capacidad ni nuestra subjetividad. Desgraciadamente, esto depende en cambio de
ciertas peculiaridades de la nueva forma.

Interpretar/elaborar de forma precisa las posibles
partes de nuevo conocimiento, capaces de insertarse
en un mayor conocimiento, renovado y ampliado. Esto
puede no ser fácil y requiere de capacidad y experiencia, tanto propia como ajena. Y digo puede, porque en
la actualidad comienzan a estar disponibles heurísticas
estandarizadas y triviales, técnicas y tecnologías hiperindustriales. Esto es algo importante. De hecho, es en
esta perspectiva tecnológica donde está el meollo central de la investigación. En las dimensiones organizativas artesanales de ayer era algo difícil, pero hoy está
en curso una fuerte simplificación de algunas de las
partes de la investigación cualitativa, precisamente por
estas tecnologías del conocimiento y la investigación.
Tecnologías en un sentido fuerte y restringido: de las
logie, es decir, de las racionalizaciones científicas poten-
ciadas por técnicas y por la meta-técnica ¿En ocasiones
utilizables incluso de una manera no empobrecedora y
autónoma?

¿Pero a qué precio, en una coinvestigación como la
nuestra? ¿Existen de verdad grandes costes cualitativos
que deberemos pagar nosotros? ¿Y cuáles son, cómo
sucede esto y por qué? Está claro que solo el desarrollo de una coinvestigación específica como la nuestra

proporciona mejores respuestas que aquellas que ya tengo en la cabeza. Tanto más en el caso de nuestra coinvestigación, en el caso de que la hubiera, tratando la cuestión de la comunicación y los comunicantes, donde ya se produce un proceso de co-investigación acerca de muchas de estas tecnologías, sus aspectos, aplicaciones y los agentes humanos que las emplean. Los costes, muchos y variados, siempre deben de ser pagados. La cuestión, en la meta-valoración, es si se consigue más de lo que cuesta alcanzar ciertos objetivos. Y después de nuevo la cuestión de cómo y por qué, así como sus consecuencias previsibles.

Y se introduce aquí el segundo problema, sobre la interpretación/elaboración de los datos, de las informaciones y también de ciertos saberes/conocimientos producidos/adquiridos; porque solo de esta forma las informaciones pueden transformarse en nuevo conocimiento eficaz y eficiente.

Lo que hoy significa interpretar es conocido gracias a la enfatización posmoderna de la hermenéutica: yo diría que se trata del proceso de individuación y de la propuesta de significado (quizás también de sentido) de algo o de cualquier evento o texto, menos claro en la superficie o más oscuro, pero más eficaz o potente, en su constatación.

En cambio, ¿qué es la elaboración? Es una manipulación que requiere de inteligencia e imaginación, que sobre todo disolviendo o ignorando ciertas relaciones y, aún más, viendo y estableciendo otras nuevas, así como operando lógicamente con deducciones, inducciones y abducciones entrelazadas y con la contribución de la heurística (procediendo también por analogía con el *problem solving*), propone nuevas formas posibles de conocimiento y comprensión.

Nosotros llevamos a cabo la investigación principalmente para aumentar nuestro conocimiento, *in primis*,
como contra-medio; por tanto, la información por sí
sola no es suficiente. Por eso, debemos interpretar y
elaborar todo aquello que hayamos recogido, para que
podamos transformarlo en conocimiento renovado. Incluso en la investigación preliminar se debe hacer un
poco esta cuestión, aunque solo sea para plantear hipótesis para las encuestas posteriores o los principios de
carácter heurístico.

Una cuestión pertinente es la siguiente: ¿el nuevo
saber/conocimiento más potente (¿se puede hablar de
conocimiento-enriquecedor? Diría que sí) es en sí mismo, y por tanto con lo recogido en la investigación,
siempre de carácter acumulativo? Me limito a respon-
der lo siguiente, a veces sí, a veces no, depende. ¿De
qué? ¡Sugiero que no nos situemos en el terreno de la
(a)cumulación! Ni siquiera para esto.

Mi cuarto momento y la fase decisional 3: homologación de
nuevos conocimientos y selección de alternativas mejores

En este punto es el momento de acelerar porque nos vamos alejando de los momentos iniciales y comenzamos
a adentrarnos en cuestiones que de aquí en adelante nos
encontraremos cada vez más, durante los próximos meses. Llegamos a la fase decisional 3 con el fin de seleccio
nar las alternativas en el conocimiento que nos parecen
más aptas de entre aquellas que hemos construido, y
que podemos hacer coincidir con la homologación del
nuevo conocimiento, que en mi sistema ocupa el cuarto momento. Con la homologación del conocimiento
renovado después de una primera fase de control, nos
encontramos con una prospección más fundamentada en la transformación (y en la intervención en la

transformación) de la realidad: considerando por un lado que esta se encontrará más en una correspondencia mayor con nuestro proyecto abierto y móvil de los deseos de liberación, que, sin embargo, puede ser corregido al mismo tiempo, modificando aspectos del camino imaginado y proyectado para alcanzar su finalidad. De hecho, más adelante, una vez entremos en posesión de un nuevo conocimiento, que es conocimiento-científico porque ha sido producido de forma científica, aunque no haya sido homologado por la academia, este podrá ser aplicado: en un nuevo nivel y en una nueva fase de transformación operativa de la realidad. Que además ofrecerá, al experimentar con ella, muchas hipótesis y conocimientos para futuras coinvestigaciones.

Quinto momento, solo presente en mi modelo: difusión transformadora

He aquí el quinto momento, del que apenas había hablado. Repito de nuevo: ¿qué hacemos con el nuevo y más potente conocimiento que hemos sido capaces de elaborar? Lo aplicamos en la transformación. Aquí podemos observar de forma clara como la distinción entre los momentos es al mismo tiempo analítica y abstracta, también dentro de una misma coinvestigación. Sin embargo, al mismo tiempo este también es el momento más propiamente aplicado: el conocimiento renovado dentro de la transformación de la realidad se aplica propiamente dentro y debajo de la propia transformación de la forma más consciente. Ahora se trata de conocimiento/transformación fundado de la realidad misma, solo que mejor conocida. De esta forma, este conocimiento se difunde también, se extiende por sus propios canales. Planteémoslo como un momento de la difusión y distribución de este conocimiento, pero de forma peculiar, desde dentro del movimiento.

En esta difusión como aplicación existe también una futura y más decisiva coincidencia, por lo que se acentúa una segunda verificación: práctica, si bien mucho más empírica. Se trata de una verificación práctica de la validez de las hipótesis y de la forma en la cual han contribuido a producir un nuevo conocimiento desde la práctica de la transformación de la realidad señalada. Por ahora no diré más sobre este asunto.

Sexto momento en mi modelo y fase 4 simoniana: valoración de los resultados y planteamiento de una nueva fase

El sexto momento de mi modelo coincide con la cuarta fase de Simon: la valoración *ex post* de los resultados de la encuesta, de la fase anual de coinvestigación. En la coinvestigación, la valoración *ex post* completa y profundiza, aunque también verifica. Este proceso se ha iniciado ya en sus dos momentos precedentes, teniendo lugar en dos niveles: en el nivel inferior se constata la verdad, la correspondencia con la realidad elegida, es decir, se constata si el nuevo conocimiento se corresponde con la realidad, tal y como predica la ciencia positivista; sin embargo, en un nivel más alto (y quizás más sintético) esta fase no se limita a llevar a cabo una constatación, sino que opera de forma activa y produce la realización práctica de hipótesis que se corresponden con un proyecto que, aunque ya ha sido revisado en las fases precedentes, permanece como el referente objetivo del conocimiento.

Por tanto, el sexto momento dentro de la procesualidad interminable es también aquel en el que el momento constitutivo *ex post* se transforma en *ex ante* respecto a la sucesiva y futura fase de investigación: planteada y planificada para la siguiente fase anual, a partir de la cual el proyecto general de coinvestigación se reanudará al año siguiente. Que vaya a ser anual o de una periodicidad tan rígida no es seguro: solo se trata de un ejemplo de marco temporal.

Por último, este momento, junto con el quinto, puede ser el momento en el cual una coinvestigación anual se elabora y sus resultados finales son publicados, con el fin de sedimentar en el ámbito del conocimiento una cierta cristalización transitoria, una estabilización representativa.

De nuevo: el método

Ya he adelantado algunas cuestiones sobre el llamado método científico y sobre su versión *soft,* además de algunas cuestiones sobre el método de la coinvestigación y las encuestas particulares. Volvamos de nuevo a la cuestión que ya habíamos anticipado acerca del método.

Un punto que podría ser desarrollado para el método de las co-investigaciones anuales y sobre todo para ciertos de sus segmentos particulares (como, por ejemplo, el método cuantitativo en tanto que encuadramiento de ciertas técnicas cuantitativas, en caso de que se recurra a ellas) es el de las implicaciones metodológicas de las modalidades de investigación: descriptiva, explicativa, normativa/predictiva, previsiva y simulativa, en la medida en que sean realmente distinguibles. Teniendo en cuenta que todas pueden ser usadas en la coinvestigación, debido a su particular flexibilidad.

De momento, dejemos de lado esta profundización. Me limitaré a ocuparme sobre la investigación simulativa o por simulación.

Conocimiento simulativo y uso simulado del modelo

No disponiendo de una representación sobre la base de una observación directa de la realidad, como en el funcionamiento de una metafórica caja negra, ya sea en términos descriptivos o en términos causales, y no estando en condiciones de decir qué relaciones y correlaciones se dan dentro y por qué esto ocurre de esta manera (o quizá mediante un uso diferente con el fin de anticiparse a las transformaciones posibles), se puede simular, de forma hipotética y al modo de la ingeniería, el funcionamiento oculto en la caja negra de esta realidad. Dicho de otro modo, se construye un modelo simulativo, imaginario (al menos en parte) y por definición hipotético, del funcionamiento imaginado, y si después el modelo funciona, se concluye, con reservas, que en la caja negra real hay una cierta probabilidad (no altísima, pero tampoco despreciable) de que el funcionamiento sea como se había imaginado, dispuesto y activado en el modelo simulativo. ¿Ha quedado claro? Este modelo simulativo, traducido a ciertos medios, puede volverse inmediatamente operativo. Este tipo de conocimiento relativo, probabilístico, es llamado *conocimiento simulativo*. El modo de conocimiento simulativo es un tipo de conocimiento que hasta hace pocos años había sido poco considerado, mientras que en la actualidad ocupa un papel central, sobre todo a partir de las investigaciones sobre la mente humana y la investigación artificial, porque no estando en condiciones de disponer de un conocimiento suficiente acerca del cerebro y la mente, se inspiraron en el funcionamiento de los ordenadores (metáfora computacional que ha sido a menudo engañosa, y que introduce sesgos nocivos) para realizar modelos simulativos de la caja negra que suponía la mente humana. El funcionamiento del cerebro y de la mente humana, ya sea por su enorme complejidad, ya porque la observación directa del mismo resulta difícil, siendo muy oscuro y opaco, ha sido simulado. Se trata, por tanto, de una forma de proceder bastante performativa.

Ahora bien, caso de lanzar una hipótesis, que disponiendo las cosas de una cierta manera se obtienen unos resultados determinados, esto quiere decir que la hipótesis sobre la disposición, sobre la forma invisible, no era del todo arbitraria; por tanto, las relaciones que se habían supuesto cuentan con algún tipo de fundamento. Obtener ciertos resultados no nos permite afirmar con seguridad cómo son los procesos que se producen dentro de la caja negra, porque no disponemos de la certeza de que los resultados obtenidos se hayan producido exactamente de dicha forma. Sin embargo, el simple hecho de que un fenómeno nos otorgue los resultados imaginados, aunque no nos diga exactamente cómo se han producido, es una manera de fundamentar un conocimiento que no se puede establecer de ninguna otra forma y sobre el que no disponemos ningún otro modo de decidir la verdad. Es precisamente de esta forma que se puede tener conocimientos de procesos muy complejos e incluso oscuros. Por tanto, este acercamiento cognitivo funciona no solo para decirnos algunas cosas sobre la mente humana y el cerebro (que son realidades infinitamente complejas y todavía harto desconocidas), sino también para hablarnos acerca de la sociedad y algunos de sus momentos, igualmente complejos. Sociedad, que pese a todo y debido a su continuo movimiento de transformación, es poco conocida en su funcionamiento, en particular en aquellos fenómenos que se muestran ocultos y latentes, que a nosotros son los que nos interesan más que el resto. En lo señalado hasta este momento lo que es simulativo es el conocimiento, no la investigación o el modelo de realidad. Esto tiene fuertes implicaciones metodológicas.

Modelos simulativos

Ahora bien, esto también se puede llevar a cabo en una realidad sobre la que poseemos una cierta idea acerca de sus formas y maneras de funcionar, transformando el modelo simulativo en una forma de utilización del conocimiento que también nos interesa. En ese caso, diferente, se hace un uso simulativo del modelo desde un acercamiento que ya hemos sido capaces de representar mediante la observación directa, simulando sus posibles movimientos, sobre todo en el futuro o variando determinadas partes o circunstancias. Lo cual es una circunstancia distinta (con importantes implicaciones metodológicas) respecto del conocimiento simulativo al uso. Cuando simulamos un movimiento futuro o una posibilidad sobre una realidad de la cual ya poseemos un conocimiento sobre cómo se dispone (o de la cual disponíamos hasta este momento) nos proyectamos hacia el futuro, con el fin de limitar posibilidades, comenzando al menos por descartar determinadas imposibilidades. ¡Se trata de algo más que una predicción!

En este escenario se juega con el modelo para ver las interacciones que producen los posibles movimientos de las variables: se muestran las alternativas, las opciones posibles y entre estas, las que son relativamente mejores.

Virtualidad

Ahora solo querría señalar el hecho importantísimo de que la gran cuestión acerca de lo virtual queda contenida dentro de la simulación. Y lo virtual es una máquina no solo potentísima, sino que puede llegar a interesarnos mucho más de lo que creíamos inicialmente.

Simulación y redes

Quien haya venido a mi curso sabrá que insisto mucho
sobre los sistemas, la sistematicidad, los niveles de realidad y representación, la interdependencia, sobre todo
vertical, entre los niveles de realidad y representación,
así como sobre la complejidad de los ámbitos horizon-
tales y en red. Y que también presto atención al cómo,
el porqué, y ciertas consecuencias y funciones de todos
ellos, entre otras cosas. Bien.

La idea, correcta, acerca de la procesualidad de la
coinvestigación, puede sugerir la idea equivocada de
su inmediata o exclusiva traducción en un modelo secuencial y lineal. En realidad, esa forma no es siempre
necesaria e incluso puede llegar a no ser siquiera opor-
tuna. Por ejemplo, la coinvestigación puede valerse de
modelos que representan, organizan y simulan un ha-
cer/transformar en paralelo, combinando más acciones/
transformaciones secuenciales entre sí de forma paralela; pero esto seguiría suponiendo un compromiso.
Podría recurrirse entonces a modelos sistémicos mar-
cadamente verticales (experimentando hasta donde
se pueden desarrollar) y sinópticos, en donde las diferentes acciones y los diferentes ámbitos fueran repre-
sentados, por ejemplo, en cuatro dimensiones, estando
interconectados entre sí por articulaciones en forma de
estrella, es decir, como modelos que presenten más de
una dirección de lectura, elaboración e interconexión,
y que así contienen, al menos de forma potencial, una
pluralidad de secuencias lineales que también pueden
ser libremente interpretadas por parte del lector. Incluso en la simulación de las posibilidades, puede existir
una pluralidad siempre cambiante de secuencias que se
vieran alteradas según la elección del lector/elaborador.
De esta forma el lector viene a ser transformado en un

re-elaborador del texto y a su vez escribe sobre el mismo. Se trata de una representación hipertextual. Si bien, pero no solo, de una forma metafórica (que por cierto, está relacionada con lo virtual) ¿Me he explicado? Una vez más no merece la pena que nos hagamos ilusiones con simples procesos combinatorios o combinaciones que se producen de forma aleatoria.

En mis lecciones uso mucho las figuras, representaciones visibles en gráficos manipulables y en manipulaciones inmediatamente creativas y productivas. Lo consigo hacer con bastante facilidad, debido a que la configuración subyacente a mi habla y escritura no solo se intercambia de forma inmediata con mis visualizaciones mentales y fantasmas internos, sino porque en mi conciencia y reflexión, la secuencialidad no es lineal, sino sinóptica, en el sentido que tiende hacia una dimensión hipertextual. De esta forma, el diseño, el dibujo, aquello que es representado de forma visual, es el aspecto fundamental y original en la elaboración de mis mapas y modelos: después estos vienen secuencializados a través del discurso y la escritura. Es también por esta cuestión que señalo que mis volúmenes no son tanto libros, sino *maquinitas,* que no son solo para ser leídos. Deben ser estudiados de esta forma, pero sobre todo deben ser operacionalizados; en ocasiones, incluso, mediante su integral traducción en hipertextos, explorando nuevos y diversos recorridos de los mismos. Estos han sido realizados por bloques lo suficientemente autónomos de texto, por lo que pueden ser ensamblados de otra forma, con otros hilos, los cuales espero que sean rojos. En cualquier caso, depende de la imaginación y el empeño por parte del lector. Hay quien ya ha realizado esto. De esta forma pueden colectivizarse y ponerse a funcionar en redes colaborativas. Yo podría haberlo hecho a través del módem y quizá sea algo que pronto haga.

El modelo descriptivo/causal, hipotético pero descriptivo y causal, es quizás aquel modelo donde más se usan redes e hipertextos como recurso para el conocimiento y la representación de la realidad; se trata de un conocimiento realista/transformador que más o menos resulta inmediatamente operativo. En analogía por ejemplo con determinados sistemas expertos de segunda generación, tales modelos han sido construidos exactamente así, gracias a una jerarquía de interconexiones y de interfaces que deben abrirse. Los cuales después pueden ser instrumentos simulativos. Vayamos incluso más lejos, esto puede hacerse transformando ciertos *supporter* asociados a las decisiones. La casuística sería mucho más amplia si prestásemos atención al campo militar y bélico, donde ya operan enormes y potentes *softwares* que podrían ser transformados en esta dirección.

Tecnologías recientes en la investigación, el conocimiento y la comunicación

Los sistemas expertos que apenas habíamos mencionado se encuentran, por ejemplo, en una dimensión de producción/desarrollo del conocimiento. De hecho, ya existe toda una riquísima tecnología hiperindustrial del conocimiento y la inteligencia (y también aplicaciones en el campo de la inteligencia artificial, aunque bien es cierto que todavía son precarias y de bajo nivel). También existe una auténtica ingeniería del conocimiento, del pensar y de la imaginación, incluso del sentido, también en su forma colectiva, es decir, en las microcoperaciones e intercambios cooperativos entre agentes humanos, combinados con medios-herramientas. Se trata sobre todo de una ingeniería de la producción. Todo esto y más, se está desarrollando delante de nuestras narices. Por supuesto, el *general intellect* es el protagonista, como agente colectivo/complejo, y en manos del patrón. Pero nosotros, en tanto sujetos ¿cómo afrontamos y reflexionamos sobre esto a conciencia, y cómo lo experimentamos?, ¿y lo hacemos «conscientemente»? Además, ¿con qué principios, metaprincipios y conocimientos científicos y teóricos (así como filosóficos) se hacen, inventan y desarrollan estas cosas? ¿Con qué metateoría y metaconocimientos? ¿Poseemos ya una ingeniería del conocimiento y la investigación? Los ingenieros de la investigación son una nueva profesión que en los últimos años ha estado muy presente y extendida en Turín,[8] que puede ser utilizada como un medio-herramienta más en la coinvestigación. Y a partir de este punto (el desarrollo de la inteligencia artificial) se han desarrollado precisamente estas tecnologías y metodologías científicas, que a menudo están ya codificadas, estandarizadas, disponibles en paquetes, en *software* (para los ordenadores particulares y las redes que elijamos) que puede comprarse, por tanto introducirse en tantas redes: también redes de conocimiento, como la tecnología del conocimiento. Existe por tanto una tecnología estandarizada que puede comprarse, para tenerla en nuestra casa y usarla personalmente, para tele-cooperar con otros. Podemos desarrollar esta tecnología haciendo experimentos y experimentando con ella (vuelvo a repetir, son dos cosas bien distintas) según nuestras condiciones, al menos dentro de ciertos límites de contra-usabilidad. Esto ya incluye ciertas técnicas, tecnologías y conocimientos sobre la comunicación y la telecomunicación, que ya son el objeto seleccionado para nuestra coinvestigación acerca de los comunicantes.

---

[8] Hace ya siete u ocho años yo personalmente gradué a mi primer doctor en Ciencias Políticas, que para ese momento ya era ingeniero del conocimiento en la producción de inteligencia artificial.

Pues bien, no estoy pensando para nosotros tanto en una metodología de investigación serializada e integrada en un formato hiperindustrial, como en la de ciertas empresas de investigación. No. Lo que tengo en mente y vengo a proponer es una tecnología de investigación mucho más artesanal e híbrida, mixta;[9] por tanto, que no aparece muy estandarizada, sino más bien semi-estandarizada. Digámoslo de la siguiente manera: mitad artesanal, sí, y todavía y quizás siga siendo así para siempre, pero también ya mitad hiperindustrial. Por tanto, representa una cierta y peculiar coinvestigación artesanal: que por su dificultad, implica y exige toda una serie de capacidades que todavía debemos adquirir. ¿Esta artesanía requiere, sin embargo, de medios hiperindustriales, como en el fondo para otros aspectos parece proponer el toyotismo? Se trata de experimentar diseñando, rediseñando y experimentando, el qué, el cómo, el porqué y con qué consecuencias: todo ello colectivamente, e incluso tele-colectivamente. Ya sea por medio del método de la coinvestigación o por el objeto, este es el lugar privilegiado de este proyecto de coinvestigación. Este lugar, del cual partir, debería ser para nosotros la radio y la red de radios. Me interesa el intercambio entre las redes hipertextuales del conocimiento, más o menos computarizado, y las redes hipertextuales de la comunicación en la radio, en la red hipertextual en movimiento y abierta al futuro de la coinvestigación constituyente.

Hasta ahora, la ingeniería y la estandarización se han producido de forma hiperindustrial, por medio de

---

[9] Debo señalar que en una entrevista reciente que he concedido para la revista *Riff Raff* de Turín (número 3, p. 33) se me escapó una errata, la única en ese texto, pero que termina por distorsionar y alterar el significado de un espacio dedicado a la coinvestigación. En esa entrevista he dicho que «la serialización es el modelo industrial propiamente dicho de la investigación capitalista, no de la coinvestigación». Disculpad.

una racionalización de los procedimientos artesanales. A veces, esta hiperindustrialización no es más que la estandarización de ciertas realidades artesanales más simples. Yo pretendo moverme, y es algo que también os propongo a vosotros, en una dimensión semi-arte-sanal, repito, que contenga ya momentos hiperindus-trializados, pero todavía muy artesanal: de una manera semi-estandarizada, en donde sin embargo las formas y las estructuras análogas sean más o menos las mismas. La diferencia que debemos tener bien clara en nuestras mentes, como ya he anticipado, es la de la distinción entre una metodología de organización de la investiga-ción y una metodología de la investigación científica. Metodología organizativa (y de proyección organizati-va), del modo en el cual organizamos el posible colec-tivo que (co)investiga, la cual se distingue sobre todo conceptualmente y en nuestras conciencias de la me-todología de la investigación científica. Resulta obvio que las dos metodologías (que después son tecnologías y por eso técnicas) se encuentran en la práctica, en el movimiento de la práctica política de la coinvestigación y de las co-encuestas singulares, entrelazadas e interco-nectadas, que pueden ser isomorfas y tener coinciden-cias, si bien, de todos modos, son dos cosas distintas. Disponemos de alternativas al proceso mismo de orga-nización de la investigación. Es esto lo que distingue lo artesanal de lo industrial y de lo hiperindustrial: en la organización y el método organizativo, no tanto en el método de la investigación científica

Método organizativo de la coinvestigación y
la investigación

Repito de nuevo: se vuelve necesario distinguir entre el método de la investigación del método de organización de la actividad investigadora. Se trata de dos cosas distintas.

Importa mucho cómo se ha organizado este proceso de investigación, que en algunos segmentos puede ser singular, pero es bueno que sea colectivo y contenga espacios de cooperación (y comunicación). ¿Organización jerárquica? ¿En qué sentido? ¿Piramidal? ¿Con control y coordinación? ¿Y mando? ¿En qué sentido? En cualquier caso: colectivo de neomilitantes y no organización de cuadros.

Por tanto, si la coinvestigación es un método de acción común, donde las decisiones se toman en común y en una forma de democracia relativamente directa, que no solo no delega las decisiones ni las responsabilidades ¿cómo se encaja esto con el hecho de que la coinvestigación postula por definición una diferencia de competencias y sobre todo una estratificación profesional? Por ejemplo, en este mismo grupo, en el periodo preliminar de incubación, yo he tomado muchas de las decisiones (provisional e hipotéticamente) debido a ciertos conocimientos y experiencias que poseo; sin embargo yo no soy ningún «jefe», esto no debe continuar así. Esto nos plantea la cuestión de la interrelación entre modelo organizativo en el diseño y revisión continua, tanto del propio proyecto como de la organización, y también del método y modelo de nuestra coinvestigación. Un método que de forma artesanal tiende a convertirse en hiperindustrial, dentro de ciertos límites. Ahora bien, vemos que en la organización cuenta la serialidad y que, para la investigación, aspectos típicos del modo hiperindustrial como la serialidad y la repetición son cuestiones que tienen un peso importante.

La gran investigación científica, aquella que de forma normal solo se lleva a cabo en empresas especializadas, no solo es industrial, sino que es la cosa más industrial que existe,[10] aquello que primero se ha industrializado. En particular, más allá de la serialización propia del industrialismo clásico, la investigación científica serializada ha tenido una serialidad propia, intrínseca, que depende de la aplicación de la estadística, del hecho de que el llamado método estadístico requiere de un alto número de casos de muestreo. Allí donde es experimental y sobre todo tomando como referencia una recurrencia idealizada, la producción de lo que llamó ciencia galileana implica una posterior serialización y banalización de los procedimientos. La investigación científica *hard* siempre resulta serializable. Quizás sea esta producción, es decir, la generadora de artefactos, la que ha mostrado de forma más clara lo que significa el modo industrial. Sin embargo, los investigadores que la llevan a cabo, de manera serializada y rutinaria, no suelen ser muy conscientes de este hecho. Es precisamente esto lo que permite la introducción de maquinaria de investigación. De este modo, el propio modo industrial (que siempre es científico y por tanto siempre es autorreferencial, autocientífico) se organiza a sí mismo de forma científica. La investigación científica es industrial y la industria se organiza científicamente, se trata de una cuestión circular. Se trata de un círculo muy importante, que guarda relación con la coinvestigación, aun cuando no se trata de un modelo puramente artesanal, sino de tipo «semindustrial», esta investigación tiende a industrializar y serializar algunas de sus partes, como ya he dicho antes. Así que esto también nos interesa.

Ahora bien, la investigación hecha con sub-metodologías y mediante el paradigma científico *soft* también es a su manera serializable e industrializable; como también lo es la investigación científica en el ámbito de las ciencias sociales y humanas. También en este caso

---

[10] De ahí la necesidad de subrayar lo *híper*.

podemos encontrarnos con métodos organizativos hiperindustriales. Recuerdo de nuevo que la repetición
propia de la serialidad provoca que el hacer investigador se convierta en una actividad monótona, estúpida
y aburrida, por otro lado esto provoca que se reduzcan
enormemente los niveles de capacidades y competencias requeridas, haciendo posible que la investigación
hiperindustrial se vuelva accesible para personas poco
especializadas en la investigación científica o con poca o
ninguna experiencia en este campo. Llegado a este punto se puede entender lo que significa tener, tal y como
yo propongo, un modelo de investigación colectivo, se-
miartesanal y semindustrial, que implica competencias
de investigación diferenciadas, no solo a un nivel cualitativo, sino también cuantitativo. Esto es sobre todo así
si se considera que nosotros debemos abolir la división
subyacente, tan típica del capitalismo y de su industria,
entre dirigentes y ejecutantes, entre estrategas y rea-
lizadores ¿O no? ¿Qué hacemos con el modelo de los
bolcheviques, ese que imitaba a los bancos, con cuadros
ejecutores y órdenes transmitidas desde arriba? ¿Y con
las verdades organizativas nómadas? Necesitamos distinguir al menos entre diferentes niveles de realidad.

También el «neo-investigador descalzo» recurre en
cierto modo a procedimientos ya estandarizados o puede hacerlo pronto, y si utiliza el ordenador puede recurrir a paquetes estandarizados, al menos a determinados
niveles de *word-processing,* con módems que le permiten
trabajar en determinadas redes.

Recapitulando, distinguimos entre el método científico y el método organizativo: aquello que realmente
importa es precisamente el razonamiento sobre la organización de la investigación en tanto que actividad efectiva y eficiente, porque nadie tiene tiempo que perder
si quiere alcanzar sus objetivos. Necesitamos asumir

contradicciones potenciales entre la potencia de ciertos modelos de organización de la cooperación, que es una co-herramienta, ambivalente y transformable a través de un uso alternativo, y la liberación del capitalismo y la realización de alteridad, a partir de la elaboración colectiva de la transformación. Esto es un problema enorme al que pronto volveremos. También necesitamos llevar a cabo coinvestigación sobre el meta problema de la estrategia política, experimentando y manchándonos las manos.

Debo hacer otra importante distinción: en un nivel de realidad subyacente debemos distinguir entre el método organizativo y la organización de las llamadas técnicas de investigación, que son las tecnologías de las cuales disponemos en la actualidad. El método científico se puede llevar a cabo con una pluralidad de técnicas o también de tecnologías diferentes, así como sobre otros contenidos subyacentes.

Técnica y tecnología

Ya he hablado de la observación: la técnica se transforma en una tecnología cuando está científicamente racionalizada, cuando se convierte en una *logia* del qué hacer, del saber hacer.

Ya he repetido en muchas ocasiones que en estos momentos existen «técnicas tecnológicas» más o menos disponibles para todos los momentos de las encuestas, así como las distintas partes en las cuales se pueden descomponer los momentos que la conforman. Bien. La primera distinción en lo que a esto respecta es aquella que ya he señalado cuando digo que a nosotros no nos interesa tanto la investigación cuantitativa sino sobretodo la investigación de carácter cualitativo (aunque se repita no descartamos *a priori* que desde una perspectiva de la coinvestigación, debido a que esta hace cooperar a investigadores que poseen diversos niveles de profesionalidad, no podamos usar técnicas cuantitativas en una fase preliminar o en otros momentos). Pongo el acento, no obstante, en lo cualitativo. Ya he adelantado cuáles son las técnicas cualitativas más ricas, más frecuentes y también más elementales de las cuales se dispone en la investigación y en la recogida de datos, informaciones, saberes y conocimientos. Pero también existen otras técnicas para otros momentos. Aquí siempre es bueno contactar con especialistas, más o menos profesionales. Y también contamos con los manuales.

Las técnicas no son un problema, son la cosa más predecible. Lo importante es precisamente que en la coinvestigación haya una franja (intermedia, pero no en un sentido piramidal) de «especialistas relativos» en ciertas tecnologías hiperindustriales particulares, de inteligencia, conocimientos, investigación, organización y comunicación, así como una transformación liberadora. Recuerdo de nuevo que en la fase hiperindustrial y neo-moderna el hiperproletariado es eminentemente intelectual, y quizás también los neomilitantes: por tanto, estas competencias —si bien en cualidad y cantidad diferentes— se presupone que en mayor o menor medida son poseídas por todos los comunicantes humanos, los agentes humanos y por ello también los coinvestigadores.

2
Profundización

Tras haber esbozado un esquema tanto de la coinvestigación como de cada oleada de coencuesta anual, debemos profundizar en algunos de los seis momentos señalados, en particular en el primero, del cual ahora debemos partir. Habrá tiempo de profundizar en los demás más adelante.

Profundización sobre el primer momento: formulación de hipótesis

Vuelvo al momento inicial del proceso de investigación, tocando otros aspectos, todos bastante importantes.

Inferir las variables

Más o menos al mismo tiempo que se formulan las hipótesis iniciales de la investigación, incluso antes de empezar a recoger datos e información, conviene empezar a construir un primer modelo sintético, provisional e hipotético del nodo objeto de estudio: poco a poco se revisará continuamente, profundizando en él, detallándolo, así como actualizándolo. Precisamente para saber sobre qué debemos recoger datos, información y conocimientos (y cómo y por qué) es necesario este primer modelo hipotético provisional. Pero para ello hay que realizar antes otras operaciones, como seleccionar y clasificar las variables que, interrelacionadas, deben constituirlo. Para seleccionar estas variables hay que componer primero una primera lista provisional de las mismas, extrayéndolas de una serie de fuentes. Una de ellas (quizá la más adecuada para empezar) es nuestro conocimiento actual, es decir, nuestras representaciones (internas y de otro tipo) del tema investigado. Hay que retroceder hasta aquí para poder volver a avanzar.

¿Qué es una variable?

¿Pero sabemos lo que es una variable? Intuitivamente quizás sí, pero cuando intentas exponerlo te das cuenta de que no tienes una idea clara. Una variable es todo aquello que se encuentra dentro de una procesualidad y está sujeto a transformación, en el sentido de que es susceptible de asumir diversos estados. En el mundo, sin embargo, (casi) todas las cosas están sujetas a transformaciones visibles, incluso dentro del marco de nuestra supervivencia; las cosas existen en el tiempo, en una realidad temporal en la que todo se transforma. Una variable se convierte entonces en algo más que una cosa que solo se transforma, porque en su transformación es susceptible de asumir —y a menudo asume realmente— varios estados. Muta pasando de un estado a otro, en relación con cualquier otra cosa que la haga cambiar. El énfasis está en la palabra estado: se trata de una cuestión de carácter cualitativo.

La realidad está constituida por infinitos aspectos, factores, componentes, modos, etc., está formada por cosas, relaciones y procesos susceptibles de asumir múltiples estados.

Incluso en el nodo de investigación también intervienen diversos estados, por lo que tenemos que enfrentarnos a un sinfín de variables, de las que solo fijaremos las más importantes. Veremos que estas están estratificadas, sobreordenadas, jerarquizadas, según distintos niveles de particularidad, generalidad, organización y sistematicidad. El primer problema consiste ahora en determinar hacia dónde mirar para identificarlas.

Inferir las variables (significativas)

¿De dónde tomamos estas variables? Primero se toman, a través de nuestro conocimiento, de nuestras representaciones mentales internas en nuestra memoria, por tanto, de la experiencia. Y luego del análisis de documentos (por ejemplo, de fuentes literarias), así como de la observación preliminar de la propia realidad; más o menos mediante la misma variedad de herramientas y técnicas con las que recogemos datos, información, etc. Se trata, por tanto, de identificar, esto es, de inferir las variables que componen el nodo objeto de investigación, a partir de ciertas ideas que ya tenemos, profundizando y mejorando estas ideas mediante un primer entrelazamiento de observación, recuerdo y reflexión.

Por ejemplo, cuando aquí vienen conferenciantes, que son fuentes de investigación, también hay que identificar variables a partir de su discurso. Si luego quieres hacer una pregunta al conferenciante para que te aclare un problema, tienes que haber identificado ya el problema; y para identificar el problema, tienes que identificar la variable implicada en ese problema. Esta operación de identificar y extraer es la misma operación que harás siempre y en casi todas partes, es decir, para todas las fuentes significativas posibles: extraer variables en todas partes. Porque la investigación requiere, en primer lugar, saber leer en las fenomenologías de cualquier naturaleza e identificar allí las variables. Tenemos unos meses para intentar hacer individual y colectivamente este interesante e indispensable juego. Y al hacerlo comprenderemos algunas cosas más.

Primera lista de variables

A medida que se nos ocurren o identificamos algunas variables, empezamos a anotarlas en una lista. Extrayendo las variables, llegamos a una primera lista provisional de variables inferidas. Vuelvo a repetirlo: primero, a partir de una representación interna y mental; después a partir de las representaciones de los demás, incluso objetivadas, y de las experiencias propias y ajenas; finalmente, a partir de una observación sistemática y discretamente consciente de la realidad que nos interesa, de su forma y de su transformación.

Variables de nivel menos abstracto

El profesor aspirante a coinvestigador Alquati ha creado ya un modelo exploratorio y experimental sobre la comunicación; de esta manera, muchas de las variables están ya dentro y basta consultarlas. Pero, antes de nada, no habéis leído el texto, a pesar de que se os entregó y casi todos os lo llevasteis a casa, ¿para qué, para coleccionar papiros? No es cierto que se haya elevado demasiado la calidad o que sea un texto demasiado difícil. Debería ser entonces estudiado, analizado críticamente y no solo leído. ¿Usted en su vida cotidiana nunca estudia? Y si es así, ¿qué estudia? Yo estudio. En segundo lugar, el discurso de Alquati en el escrito sobre la comunicación es todavía demasiado general, es demasiado abstracto; nosotros debemos bajar un nivel más, a fenómenos más concretos, en un sentido vulgar, a una realidad más inmediata y a un lugar más determinado: a nodos más restringidos y menos abstractos. ¡Depende de vosotros!

Por cierto, repito, todavía tenemos que resolver el problema de los famosos nodos de investigación de primer año, que todavía no existen. Cuando los hayáis establecido, haremos pequeños modelos juntos. Uno o varios, dependiendo de cuáles y cuántos nodos de esta investigación anual vayamos a empezar, creo que el próximo otoño. Porque será necesario hacer pequeños modelos: cada uno el suyo (no por microgrupos separados, incomunicados y opuestos, en los que, si acaso, solo habla el líder) e inmediatamente confrontarlos y unirlos, fusionarlos mediante el trabajo colectivo: pequeños modelos de algo más inmediato y concreto. Para ello, las variables que tendremos que extraer no solo no serán aquellas tremendamente abstractas de mi «*modellone*», ni siquiera aquellas demasiado abstractas de mi lección propedéutica sobre la comunicación; esta es más bien ilustrativa y establece una especie de horizonte del campo o de los campos de investigación efectiva.

Procedimiento de extracción

El procedimiento de extracción de las variables es siempre el mismo: es necesario hacer el esfuerzo de ir a rastras de la fenomenología, esto es, entrar dentro y excavar a fondo, incluso con un mínimo de interpretación. Nos llenamos tanto la boca con la hermenéutica y el círculo hermenéutico: ¡pues ya está!

¿Qué significa fenómeno, fenomenología? ¿Qué son los fenómenos? Podemos decir que en el lenguaje de la ciencia son las cosas tal y como aparecen, en su inmediatez (pero también en distintos niveles de la realidad, así al menos a un nivel molar). Como dicen algunos filósofos, si nos asomamos a la ventana y miramos a simple vista el mundo, vemos aquello que aparece de forma inmediata; si bien nunca es posible hacerlo más que brevemente, intentemos poner la teoría entre paréntesis y esforzarnos por ver inmediatamente el nodo que nos interesa (será, por tanto, una inmediatez no solo relativa, sino también particular).

Así pues, inferir las variables significa mirar dentro de los fenómenos, intentar ver detrás de la apariencia, dentro de sus aspectos significativos que mutan presentando múltiples estados, que se esconden detrás y dentro del flujo de las fenomenologías. En realidad, no hace falta ser estructuralista para querer hacer esto: yo nunca lo he sido, ¡ni siquiera cuando casi todo el mundo lo era! Se trata de hacer un esfuerzo por no perderse en las apariencias, sino por ver si detrás de los hechos, de los datos, de los comportamientos inmediatos, hay algo significativo que hay que captar con un mínimo de interpretación.

Es necesario observar los flujos de la vida, los comportamientos vivos. Como hago por ejemplo yo, que cuando estoy aquí, os miro y veo las variables que se desprenden de vuestro comportamiento: las selecciono, las elijo, incluso las escribo en notas y me las llevo a casa, donde las proceso para mi propia investigación personal. En efecto, aquí extraigo regularmente vuestras variables, de ciertos aspectos de vosotros. ¿Es solo una manía? ¿Una deformación profesional? No lo creo. Y no soy el único en hacerlo, ni siquiera aquí; muchos de vosotros ya lo hacéis más o menos conscientemente en esta o en otras situaciones. Identificar las variables requiere experiencia, acumular cierta destreza, pero cualquiera puede conseguirlo. Repito, vosotros mismos lo hacéis a menudo en vuestra vida y para diversos usos, aunque no soléis ser conscientes de ello. Distinto será hacerlo conscientemente, buscando mejorar esta práctica.

Extraer variables directamente de la experiencia es lo más difícil. Sin embargo, repito, debe hacerse no solo a partir de la experiencia, sino también a partir de otras representaciones hechas previamente, internas o externas, nuestras o de otros.

Por ejemplo, al leer textos se pueden hacer dos cosas: considerarlos novelas y llegar al final para ver si se casan o quién es el asesino, ¿o para qué más? Precisamente para extraer las variables contenidas en ese discurso, en esa narración, en esa novela, o en esa canción, o en esa película (como sugerencias de hipótesis y vínculos entre hipótesis, datos información y conocimiento, indicios, estímulos, opiniones, juicios o propuestas, afirmaciones, predicciones, interpretaciones, etc.). Porque a menudo, o quizá siempre, las variables están ahí, el escritor las ha puesto, aunque no supiera que eran variables. Esto vale tanto para la literatura científica como para la literaria, en particular para la novela. Si, por ejemplo, leo una novela de Balzac, la leo ante todo para saber si se casan o si el protagonista lo consigue, y quién es el asesino, eso está claro. Pero haciendo esto, y sobre todo si la leo por segunda vez, empiezo a extraer variables. Porque Balzac es un formidable cuasi científico social. Y no solo él, sino muchos grandes novelistas. Porque la novela es también la primera máquina de investigación moderna sobre lo social. No solo de lo social como trasfondo, más allá: en la novela (no en toda la literatura, pero sí en la novela) hay individuos que se mueven interactuando con el contexto en una interrelación ecológica, en un intercambio entre la secuencialidad de su escritura y la procesualidad más bien lineal del viaje del protagonista a través del espacio y el tiempo. Hay a menudo un protagonista que se encuentra con otros, interactúa con ellos, aparece en grupos, y es en su movimiento histórico y al mismo tiempo espacial donde realiza un viaje a través del espacio y del tiempo, como los antiguos caballeros. La novela por ejemplo, siempre ha sido fuente de psicoanálisis. Representa la subjetividad moviéndose (formándose) en un contexto. Dostoievski, que es una fuente para Freud y para todo el psicoanálisis, escribió de hecho antes de la invención del psicoanálisis. En Dostoievski hay variables a extraer. Así que también extraemos variables de la literatura, de los libros, de la lectura, de las revistas y los periódicos, pero sobre todo de la literatura sociológica. Estos escritos son fuentes convencionales si son textos sociológicos, son fuentes no convencionales si son novelas, artículos de periódico, diarios, memorias, etc.

Identificar y extraer variables de cualquier situación, ya sea real o representada, de diversas formas (escritas, filmadas, sonoras, etc.), es el punto de partida. Sin embargo, también es un proceso que continúa siempre, a medida que la propia investigación crece y se hace cada vez más compleja: siempre se extraen nuevas variables que se convierten en objeto de selección y reflexión.

Otros

El proceso de identificación de las variables para la observación del comportamiento de los papúes (o de los turineses), o la extracción de variables de piezas periodísticas, novelas, fuentes escritas o cintas de vídeo, y la extracción de variables del informe de Marco Revelli, son exactamente lo mismo, se hace con el mismo procedimiento: solo cambia la fuente.

Tomemos el caso del antropólogo que observa el flujo de la vida papú en su autenticidad mítica: ¿de qué debe ser capaz él, desde fuera? Respondo: ante todo, de situarse en esa vida y extraer, anotándolas en un papel, las variables que caracterizan la situación de los papúes. Si hace esto, habrá hecho gran parte de lo que tiene que hacer. Si conseguimos que en los cinco años de asistencia a la universidad estos señores que pagan sus tasas para aprender, doctorarse, examinarse, llenarse la cabeza con tantas nociones que pueden llegar a ser un puro lastre para toda su vida, aprendan al menos a identificar y extraer variables, la universidad ya sería una cosa muy útil. Aquí hay implícito un juicio muy duro. Lo digo porque en esos cinco años, no muchos de los que estudian en la universidad han aprendido esto tan elemental. Esto no quiere decir que sea dramático, muy difícil, aterrador. Al contrario, es algo que se puede aprender, incluso los niños de guardería pueden aprenderlo. Esta es una de las primeras cosas a hacer, aprender investigando.

Si observo a los papúes desde fuera no puedo interactuar mucho con ellos; si leo un periódico, por mucho que lo rasque o le dé la vuelta, no puedo tener una interacción con él, solo puedo leerlo pero no puedo hacerle preguntas. Y probablemente tampoco a los textos grabados en cintas de vídeo, eso lo sabéis vosotros mejor que yo. Pero si los meto en un ordenador equipado con cierto *software* algo empieza a cambiar. En cambio, a Marco Revelli presente en persona puedo hacerle preguntas y también es posible que me responda, y esto es un salto cualitativo en la relación. No se trata, en cualquier caso, de una diferencia de la actitud y el método de extracción: de la interacción con el conferenciante, y luego con el testigo, con el experto, con el agente, yo siempre quiero identificar y extraer las variables (y en otros momentos idealmente sucesivos: la información, el conocimiento, seguidos de hipótesis, heurísticas, procedimientos, etc.; si grabo su discurso pierdo interactividad, pero a cambio puedo utilizar de otra manera la grabación en momentos posteriores). Porque en el caso de Marco Revelli, por ejemplo, no existe el problema de saber quién es el asesino, es decir, de sacar provecho de ello malgastándolo solo en un espectáculo ocasional, como desgraciadamente les ocurre con bastante frecuencia a casi todos los que van por ahí dando conferencias e informes, como es mi caso.

¿Qué hacer con las variables extraídas?

Estas variables, que corresponden con realidades, se extraen y enumeran para clasificarlas y vincularlas en representaciones conscientes y reflexivas, incluso causales, y así comenzar a mapear y modelar el nodo, llegar a formular hipótesis y vincularlas en un modelo hipotético abierto del nodo objeto de investigación.

¿Qué hacer entonces con las variables a medida que se van identificando y extrayendo? Repito: hay que hacer tres cosas, todas ellas incluidas en el primer momento. Cuanto más se trabaje en este momento, mucho más tiempo y trabajo se ahorrará después; por tanto, merece la pena, y no se correrá el riesgo de sumergirse en los datos y ahogarse en mares de información sin saber cómo seleccionarla y qué hacer con ella. Lo primero que hay que hacer con las variables extraídas es enumerarlas. Segundo: clasificarlas, haciendo un registro racional. Tercero: relacionarlas entre sí, hasta construir un primer modelo sintético y provisional, dinámico, abierto e hipotético.

A continuación se realizan tres operaciones muy prácticas, que requieren varias hojas de papel, pero no el cuaderno: ¡ay de aquel que venga con un cuaderno! Necesitamos, por ahora, hojas sueltas en las que escribiremos un bloque de texto, cada uno con relativa autonomía y separado del resto y, por tanto, reconectables a voluntad en otro orden, barajando las hojas como las cartas de una baraja. En cada ocasión se necesita un paquete de folios, al menos doscientos, y un bolígrafo. Esto en la escritura en papel. Pero sería mejor hacerlo en escritura electrónica y directamente pensando en operaciones con el ordenador. Sin embargo, aquí vamos a utilizar mucho la pizarra, con el fin de visualizar y espacializar las representaciones, más allá de la secuencialidad lineal, hacia la ideografía. Siendo tantos con la pizarra se trabaja bien porque se borra fácilmente y se cambia rápidamente, se ve desde lejos, la vemos todos juntos.

La herramienta fundamental para proceder de la lista a la clasificación, de la clasificación a las relaciones, será el grafismo: dibujaremos juntos. También aquí volvemos sobre las imágenes, sobre lo visual, a nuestros toscos multimedia y a las representaciones que se aproximan al hipertexto.

Un amigo me dijo que hice algo que le pareció bien: en el primer libro sobre educación y quizá también en aquel sobre la comunicación, escribí todas las variables de la búsqueda y del modelo con mayúsculas, de modo que con el procedimiento informático de buscar las palabras con mayúscula hizo inmediatamente la lista de variables. ¡Bravo!

¿Cuál es el ombligo, el centro de toda capacidad para extraer y seleccionar variables? ¿Y luego para recoger información, para procesarla también? ¿Y luego observar y, si se quiere (porque la hermenéutica está de moda), interpretar el mundo? Repito: la capacidad de ver dentro del fluir de los procesos históricos, de la vida de todo lo que fluye inmediatamente aunque en una jerarquía compleja de flujos, de ahí la capacidad de observar. Aprender haciendo y observando. Por tanto, también haciendo formación en la investigación.

¡Nunca hay que separar investigación y formación! Hacer también de la investigación una experiencia formativa; además de hacerlo en la experiencia formativa de la vida cotidiana. Así también se aprende un poco qué son esas variables y, sobre todo, cómo identificarlas y extraerlas.

Nominación y conceptualización

Ahora, para volver a ponerme en marcha de verdad, me remonto aún más atrás. Para poder encontrar e identificar algo, debo tener ya en la cabeza (o incluso fuera, pero fácilmente interiorizable en ella) una cierta idea aproximada de lo que busco. No tengo tanto que saber los nombres de las cosas, o darles uno yo si no lo sé. No solo y no tanto esto. Debo tener en mi cabeza algún concepto mínimo (incluso inconsciente o silencioso) de aquello que corresponde a ese nombre y a lo que busco, o de lo que hablo. Los conceptos también forman parte del lenguaje, al menos como significados particulares. Picasso iba de farol cuando decía: «Yo no busco, encuentro»; en realidad tenía ideas a veces inconscientes pero muy claras sobre lo que buscaba y quería (la eidética).

Tenemos aquí dos operaciones particulares, ambas indispensables, si bien a menudo son dadas por supuestas o están implícitas, que en la coinvestigación deben convertirse no solo en explícitas y conscientes, sino en objeto de una reflexión particular, incluso común: la nominación (que reducimos a denominación), es decir, nombrar las cosas (abstractas y concretas, y

neo-concretas o neo-materiales), incluso antes de con-
ceptualizar. Después, conocer y establecer juntos qué
conceptos corresponden, o corresponderán, a esos nombres, lo que se hace explícito en sus definiciones. Existe
luego un tercer momento que tiene más que ver con el
sentido que con el significado literal, y es la significa-
ción, que omito por ahora (aunque varios expertos me
han llamado «significador», como para decir inventor
de sentidos).

Diccionario

Los nombres son entonces signos muy particulares, y
se refieren también a significados muy particulares que
son los conceptos a los que corresponden, interrelacionados; conceptos que cada uno de nosotros tiene más o
menos claros en la cabeza (comunes o no, acordados o
no), pero que en la coinvestigación, es decir en el hacer
colectivo, estamos obligados a explicitar dando definiciones, diciendo qué se quiere decir, o qué queremos
decir con ese nombre dado. Así que, por un lado, cons-
truimos una lengua común y, por otro, damos cuenta de
ello elaborando un diccionario común. Esto es importante y debe hacerse; porque hasta ahora se ha hecho
poco y no se ha hecho colectivamente. ¡Colectivamente,
no se ha hecho casi nada!

Siempre doy las definiciones de los nombres (com
puestos, mudos) que utilizo, a veces inventándomelos.
Así que a pesar de todo, si uno estudia un poco mi lengua y sobre todo mi diccionario (disperso en los textos),
si uno lo lee de forma cuidadosa, no solo gracias a estas
definiciones, uno puede entender bastante, pero al final
la ambigüedad semántica se reduce considerablemen-
te; lo que en algunos aspectos (pero no en otros) es una
ventaja. Pero en una coinvestigación de lo que se trata es

de hacer una lengua y un diccionario comunes, lo que requiere no solo una cierta organización, sino un considerable trabajo colectivo y común a fin de conseguirlo.

Ahora voy a decir algo un poco más técnico, lo siento. No debéis espantaros, porque sobre esto tendremos tiempo suficiente.

De la lista al archivo

Así que partamos de nuevo de haber hecho una lista de variables para pasar de la lista al archivo; un archivo racional, he dicho. También porque aquí no nos estamos refiriendo a la artesanía estudiantil, sino a algo más, a otros sujetos de investigación con otros recursos.

Propongo una premisa. El archivo racional es, ante todo, aquello que tiene una estructura sistemática estratificada y jerárquica (que corresponde en su forma a la realidad, como lo serán después el mapa y el modelo) y, por tanto, es ya un clasificador: clasifica las variables en su orden jerárquico. Lo que significa que, por una parte, tiene ya una correspondencia con la realidad, que en su sistematicidad está estratificada y jerarquizada; por otra, se va correspondiendo poco a poco con el modelo que voy a construir y también tiene cierta correspondencia con la realidad misma abierta y en movimiento, al menos sobre el futuro. Así que me parece bastante interesante decir que la estructura del registro (racional de hecho) ya empieza a ser una representación de la realidad, operable: sobre la que se pueden hacer cambios de estructura, composición, añadidos, supresiones, etc.

Se trata, en primer lugar, de un archivo en papel en el que la jerarquía puede lograrse a través de un orden de archivadores, carpetas y subcarpetas que contienen fichas. La base del archivo está compuesta por fichas de diferentes niveles jerárquicos (ficha, tarjeta, papeleta), que deben ordenarse y disponerse jerárquicamente, separándolas por áreas y niveles. Y es importante el hecho de que sean fichas, cada una relativamente completa en sí misma, y que no tengan una secuencia, sino que puedan ser distribuidas y redistribuidas de maneras siempre diferentes en el montón, mezcladas de formas diversas, cambiando constantemente el criterio. Esto nos ayudará a ir más allá del libro, más allá de la mera escritura, caracterizada por su secuencia lineal.

Se tratará de llegar a tener ficheros electrónicos, en el ordenador, en la red, hipertextos. Repito: los volúmenes que escribo, aparte de la enorme redundancia, el lenguaje y la dificultad de lectura (no son libros para leer sino para ser estudiados), son ya un poco diferentes porque son ensamblajes explícitos de fichas, que se pueden volver a ensamblar de diferentes maneras, según diferentes caminos. Puedo hacerlo dentro de mi ordenador, en sucesivas revisiones de estos textos, por definición *in fieri* y por tanto siempre provisionales, temporales.

Se dice, con razón, que hoy en día, sin saber representar, leer y comprender de manera horizontal complejidades sistémicas y, sobre todo, verticalmente las jerarquías complejas en capas y niveles verticales, no se comprende ni se hace mucho. Por una parte, me horroriza y, por otra, me desmoraliza y me causa una impresión pésima el hecho de que mis lectores perciben a menudo, y tal vez incluso llegan a hablar conmigo, pero ignoran el elemento macroscópico y central sobre el que procedo según niveles jerárquicos de la realidad. En efecto, no hay sistematicidad en sentido estricto sin la consideración de niveles jerárquicos de realidad y su distinción: en el sistema capitalista, pero también en la sociedad en general. Pero no lo hacen, se comportan como el avestruz. Ni siquiera los mencionan. Son masoquistas. ¡Peor para ellos!

Pues bien, hoy en día existen y se nos proponen otras representaciones jerárquicas, de muchos tipos; incluso representaciones ya operativas de distinto tipo. Así se hacen las redes, las tramas de los tejidos. Pero también así es la realidad. Una primera consideración es, pues, que esta representación jerárquica del archivo resulta embrionaria, pero fundamentalmente, más o menos la misma que la estructura jerárquica de una base de datos, o bien que es la misma que la estructura de un banco (o base) de conocimientos. Por tanto, es también la estructura jerárquica de algo que —yendo más allá de la artesanía estudiantil y entrando en una artesanía de investigación y transformación de otro tipo— puede insertarse en una red de redes. En una red con su propia estructura jerárquica relativamente análoga: red de representación, de comunicación, que corresponde a la forma de una realidad, de un nodo de la realidad efectiva.

No entraré en este discurso y me limitaré a simplemente insistir en la cuestión de la estructura jerárquica de la realidad. No sé si ya lo he mencionado en la primera conferencia metodológica. Hablé bastante de ello durante el curso. Y aquellos de ustedes que sientan que en este seminario me estoy moviendo a un nivel demasiado alto y difícil, deberían haber venido al curso: allí el corte es más bajo y son más de setenta horas. Pero, ¿quién las ha visto?

Clasificar las variables extraídas

Para construir este archivo racional, que de hecho ya es un clasificador, hay que clasificar a continuación las variables listadas. Les recuerdo que la clasificación es una operación fundamental del trabajo científico: Foucault[1] nos muestra los enormes problemas que plantea comprender su sentido y su naturaleza; algunos científicos (por ejemplo, botánicos del siglo XVIII como Buffon o Linneo) «solo» clasificaban las plantas, partiendo de ciertas taxonomías que no funcionaban bien. Han clasificado un momento de la realidad clasificando sus variables, enfrentándose a la enorme cuestión de la mejor elección de los criterios de clasificación.

Ahora no voy a entrar en lo que es lógicamente una clase, me limitaré a una definición: una clase es un conjunto tal que lo que pertenece a este no puede pertenecer simultáneamente a otros conjuntos/clases. ¿Está claro? Nosotros vamos a clasificar de forma muy flexible, experimental, exploratoria. Ahora bien, no nos dejemos impresionar por viejos problemas ya resueltos, por cuestiones que han sido banalizadas, que ya se muestran como tal para nosotros. Así pues, viva la banalidad y la banalización, ¡pues podemos y debemos movernos hacia los numerosos problemas aún abiertos! Afortunadamente, todavía existe mucha oscuridad. Y esta también se renueva con el tiempo, si somos capaces de hacer este desplazamiento. He aquí la cuestión: ¿podemos hacerlo por ejemplo en nuestro trabajo y en nuestro actuar cotidiano?

Se trata, pues, en primer lugar, de buscar y de ver estas variables desde el punto de vista de su posible estratificación y jerarquización, planteando así la doble pregunta elemental: ¿cuáles de estas variables contienen otras? ¿Cuáles de ellas están contenidas en otras? Teniendo en cuenta que la palabra *contenidas* corresponde

---

[1] Michel Foucault, *Le parole e le cose*, Milán, Rizzoli, 1967 [ed. cast.: Michel Foucault, *Las palabras y las cosas. Una arqueología de las ciencias humanas*, Madrid, Clave Intelectual y Siglo XXI, 2022].

a estar en un rango o estrato jerárquico inferior; y en cambio decir *que contienen* equivale a estar en un rango o estrato superior.

Tomando las variables enumeradas e intentando razonar sobre los contenedores y los contenidos, puedo encontrar tantos niveles de representación (y por tanto de composición vertical del archivo) como resultan en la situación de sus efectivas relaciones verticales: depende de las variables (que he enumerado) y por tanto de la forma del nodo observado y todavía en observación, de cómo he reflexionado sobre él, etc. Siempre razonando sobre cuáles contienen a cuáles otras. Pero en un cierto punto puedo simplificar, reducir, seleccionando sintéticamente solo algunos niveles significativos. Los niveles no son más que clases verticales, partes verticales de un sistema; son al mismo tiempo subsistemas, por eso están siempre contenidos en otra cosa por encima de ellos.

Sin embargo, mientras reflexiono sobre las variables de la lista, pueden venirme a la mente muchas otras variables que aún no he enumerado; entonces observo inmediatamente que están contenidas o son contenidas por otras, así que las añado a la clasificación. Este es un nuevo paso hacia delante. Así, combinando distintos caminos, podría hacer una primera clasificación, provisional e hipotética, de las variables. Una taxonomía, que puede ser representada gráficamente bastante bien.

De este modo, las variables se seleccionan, se comparan, se confrontan, incluso se descomponen y recomponen, distribuyéndose así en distintos niveles y capas de representación de la realidad. Porque entonces los niveles son también niveles de composición o descomposición, niveles de detalle, niveles de particular/general: son niveles desde muchos puntos de vista. Sin embargo, se llega a ellos a través de la pregunta:

¿contiene o está contenido? Y con eso nos quedamos en una dimensión descriptiva.

Clasificación descriptiva y clasificación explicativa

Hemos así vislumbrado algo, que por ahora puede ser suficiente, sobre la clasificación de las variables de forma descriptiva, solo descriptiva: en términos de niveles jerárquicos, es decir, de una jerarquía en la que yo solo pregunto cómo es la realidad, e identifico ciertas relaciones descriptivas verticales que son significativas. Subrayo la palabra *relación*, aquí en sentido lógico: es una palabra importantísima. Ahora digo relaciones descriptivas, es decir, en la dimensión de cómo es el nodo objeto de investigación.

Así pues, un primer resultado de la investigación descriptiva es plantear hipótesis sobre la naturaleza de las relaciones e interrelaciones entre variables y, a continuación, ponerlas a prueba, verificando así momentos de la forma, la naturaleza, la cualidad del cambio, del movimiento, o bien de la transformación de lo real.

Estas clasificaciones también pueden asumir (porque se la damos) la modalidad de clasificaciones tipológicas, es decir, de tipologías, en las que se clasifican determinados tipos ideales emblemáticos.

Podré entonces plantearme algo más, preguntándome «¿por qué es así?», pasando entonces a una dimensión más explicativa. Suponiendo que esta distinción, al menos parcialmente, tenga sentido, al menos práctico —como creo que es el caso—. Por tanto, tendré que reclasificar las variables con criterios diferentes, es decir, según haya más causas, o más efectos. Esto que entendéis es, todavía, un lenguaje inadecuado.

Correlación

Pasemos ahora de la relación descriptiva a la *correlación*. ¿Sabéis lo que son las correlaciones? No es tan fácil de explicar.

Si me pregunto por qué ocurre lo que ocurre, por qué esa realidad es como es, si por tanto quiero investigar sobre las llamadas causas (y no solo sobre cómo están hechas las cosas), sobre el porqué, tengo que dar dos pasos más. El primero sigue siendo más bien descriptivo, aunque no deja de ser un paso hacia la causalidad: es el paso de buscar correlaciones entre variables.

Correlación es una palabra clave en la investigación científica. Sugiere la idea de que hay que buscar una relación entre variables: correlación, es decir, relación entre sí. Primero hay que identificar las posibles relaciones entre variables (relaciones unidireccionales y relaciones recíprocas) y empezar a reflexionar y a interrogarse sobre la naturaleza de estas relaciones. Al entrar en ellas, las propias variables cambian ya un poco, como las personas que, en sus diferentes interrelaciones y relaciones con distintas personas y parejas, nunca son del todo iguales. Es necesario poner en relación (tendencialmente recíproca) las respectivas variaciones, es decir, los respectivos cambios. Comencemos, entonces, viendo en el archivo cuáles de estas están estrechamente y a veces ya visiblemente relacionadas con otras: en el sentido de que estas varían con cierta fuerza (que puedo distinguir) a medida que varían las demás. De hecho, el nombre más correcto para correlación debería ser *co-variación*. Por supuesto, hay que tener cierta aptitud para establecer y distinguir relaciones, y cómo van las cosas dentro de las relaciones.

En este punto las variables ya están jerarquizadas (porque están clasificadas dentro del archivo), por tanto están dentro de una jerarquía. Sin embargo, primero intento relacionar las variables casi ignorando la jerarquía, así por un lado las tengo jerarquizadas, por otro las relaciono entre sí. Luego inmediatamente razonaré sobre el hecho de que tienen covariaciones verticales, diagonales, es decir, entre variables a distintos niveles o estratos. Para ello me conviene, en primer lugar, jerarquizarlas de inmediato.

Sugiero empezar a indicar las relaciones con gráficos. Pueden ser árboles, gráficos, diagramas, etc. Sin embargo, también podemos empezar con gráficos simples, en los que las relaciones unidireccionales se indican con flechas (→), las recíprocas con una flecha doble con direcciones opuestas (→ y ←, o ↔).

En resumen, están las variables, esas cosas susceptibles de asumir múltiples estados. Ahora las tomo en tanto están relacionadas con otras en su propio movimiento. En el sentido de que mientras esta cosa asume varios estados, otra cosa, material o no, también asume varios estados al mismo tiempo. Esta varía al variar la otra. Cuando relacionas una variable con otras variables, se ve, se descubre con ciertos procedimientos o se verifica que estas variables, muchas veces, tienen una correlación entre ellas de cierta fuerza, o tal vez que no la tienen. Si la tienen, se marca inmediatamente en el gráfico con una flecha. La flecha puede ser unidireccional o recíproca, dependiendo de si la relación solo va de una a otra, o si también va en dirección contraria. Este modo de representación gráfica es muy cómodo y potente.

El concepto de correlación es estadístico, pero a nosotros no nos interesa la correlación en el sentido rigurosamente estadístico, solo nos interesa en términos muy generales como una covariación. Cabe señalar que

encontrar dos cosas que quizás varíen de forma análoga, es decir, de la misma manera, ya es de considerable interés para quienes analizan ciertos fenómenos.
Sin embargo, es, en sí mismo, una cuestión meramente
descriptiva: es decir, ni siquiera una correlación fuerte
nos dice que si una cosa varía casi de la misma manera
que la otra, estoy autorizado a concluir que esta es la
causa de la variación de la otra, ni viceversa. Esto es
fundamental; no debe olvidarse ni subestimarse.

Clasificación e investigación explicativa

Pero esto nos acerca mucho al camino de encontrar la
causa de una variación. De hecho, muchas veces la causa
se revela a través de una correlación. Es decir, existe la
probabilidad (pero no la certeza ni la garantía) de que
si una cosa varía de la misma manera que la otra, o bien
una es la causa de la variación de la otra (del paso entre
varios estados), o bien —lo que es mucho más probable—
existe una tercera variable (más o menos oculta) que es
la causa de la variación de las otras dos, y entonces hay
que identificarla y descubrirla, y esto no suele ser tan difícil. Sin embargo, primero se plantea la relación causal
identificada o descubierta como una hipótesis, luego se
verifica. Esta es, en esencia, la base de la investigación
explicativa (científica): descubrir las variables más bien
ocultas o poner de relieve las evidentes que son la causa
de la variación de otras que nos interesan, y por tanto son
palancas de movimiento, de cambio, de transformación.

Función

Un concepto matemático/estadístico fundamental (incluso en términos solamente cualitativos, esto es, sin

medir y cuantificar nada) es el concepto de *función*. ¿Sabéis qué es una función? Es un tipo de relación particularmente significativa. Es una relación más fuerte que la correlación: es —antes que la igualdad y la identidad— la relación más significativa que existe. Es la relación que mejor expresa la causalidad, entendida en un sentido no determinista, como influencia sobre un acontecimiento o una variación. La identidad es a su vez un tipo de relación y es aquella que es máxima: cuando dos cosas se relacionan entre sí en términos de identidad, en el sentido de que son idénticas entre sí, esto es el máximo de relacionalidad que existe. Antes de llegar a este máximo hay un estadio intermedio de relacionalidad que es precisamente la función.

Según la teoría de conjuntos (que es una teoría matemática hasta cierto punto muy simplificadora) cuando a un solo elemento de un conjunto o clase le corresponden varios elementos o estados de otra clase, tenemos una función. La función relaciona las dos variables en términos de dependencia, es decir, de causalidad, las distingue según su dependencia o causalidad, y también nos indica la dirección de la dependencia/causalidad. La función se escribe matemáticamente $Y=f(X)$. Así, se dice que Y varía en función de los distintos estados que puede asumir X, es decir, en la medida que X varía. Así pues, las dos variables no son simétricas: de una, Y, ya sabemos algo a través de la investigación descriptiva; X, en cambio, también puede ser una incógnita (de ahí que se llame X) y es precisamente la que, al cambiar de estado, también hace cambiar a Y (de lo contrario, probablemente permanecería inerte y abúlica). Es decir, el caso más común es aquel en el cual no sabemos qué es lo que hace variar a otra cosa, entonces nos preguntamos cuál es la causa del estado que esta cosa asume o puede asumir. Por tanto, una sufre la variación de la otra: Y sufre la variación de X. La Y es aquí una variable causalmente dependiente, mientras que la X es la variable en la relación entre las dos causalmente activa e independiente. Por lo general tengo Y cuyas X quiero encontrar: es decir, tengo variables dependientes cuyas causas quiero encontrar, las causas de su variación, es decir, las X.

Se trata de clasificar las variables en estos términos: *variables dependientes*, que reciben y se someten a la causalidad, y en cambio *variables independientes* o causas que influyen o activan la causalidad. Este es un paso que se hace mucho mejor después de encontrar correlaciones. Uno se pregunta de hecho cuáles son las relaciones causales y luego se intenta distinguir las variables entre dependientes e independientes. Las flechas indican ahora la dirección de la causalidad, van de X a Y. Evidentemente, también puede haber causalidad recíproca. En este punto, la representación indica correlaciones, luego relaciones funcionales/relaciones de dependencia. Esta representación es muy importante y generalmente se le llama *modelo*.

Modelo

Ya he mencionado anteriormente que al interconectar las variables según sus relaciones hipotéticas más probables, construyo un modelo hipotético. Por tanto, ¿qué es un modelo? Un modelo es una representación simplificada y sintética de la realidad que pone de relieve sus relaciones lógicas fundamentales (entre las variables por supuesto). Son precisamente las relaciones descriptivas, las correlaciones, las funciones, las igualdades, etc. Mientras me limito a las dos primeras tendré un modelo descriptivo; si, por el contrario, incluyo también funciones, tendré un modelo explicativo/causal. El nuestro, como ya he dicho y repetido, quiere ir más allá y funcionar como un modelo simulativo, que permita un mínimo de simulación de movimientos posibles y previsibles de lo real y sus transformaciones.

He dicho más arriba que nuestro modelo (o más bien los dos pequeños modelos de los que partiremos con el par de casos de la primera co-investigación) será procesual: por tanto, será no solo la representación dinámica de un proceso que se desarrolla a lo largo del tiempo, sino que él mismo será flexible y estará abierto a continuas modificaciones. A medida que la retroalimentación se profundiza, aumenta su correspondencia relativa con el movimiento de la realidad en transformación que es objeto de investigación. Se trata de un modelo *in fieri*. Es un modelo evidentemente selectivo, es decir, selecciona lo que *a priori* e hipotéticamente se considera esencial, que luego debe verificarse y corregirse. Un modelo, por muy detallado que sea, nunca corresponderá enteramente a la realidad: el nuestro será bastante abstracto y sintético. Además, será un modelo de un sistema, estructurado verticalmente, por niveles de representación, y horizontalmente, por ámbitos.

Ya he mencionado que no debemos confundir el modelo (más bien metodológico) de la coinvestigación y el modelo de las encuestas anuales singulares, en lo que se refiere a su *diseño*, con la representación sustantiva y basada en el contenido del campo, es decir, con el modelo del nodo objeto de investigación. Para poder hacer funcionar y operacionalizar un archivo, una base de datos, una red, todas estas cosas complejas y jerarquizadas, hay que poder hacer un modelo realista, encontrando así una correspondencia recíproca entre las formas jerárquicas respectivas de estas cosas isomorfas.

Profundización sobre el segundo momento: la recogida

Veamos ahora más de cerca el segundo momento, a saber, la recogida (de información y de todo lo demás).

Las fuentes

En relación estrecha con la recogida de datos/información y de otros saberes/conocimientos están las fuentes de la investigación. ¿Qué son las fuentes de investigación? Son esos diferentes tipos de lugares a los que podemos ir a recopilar datos, información y conocimiento. O los tipos de personas que nos lo pueden proporcionar. Ya sabemos que la información y el conocimiento no son siempre explícitos, ni mucho menos están listos para nuestro procesamiento individual y colectivo. De esas fuentes tendremos que extraer datos e informaciones, por medio primero de un trabajo de procesamiento y transformación. No solo tenemos fuentes de información/conocimiento escritas, sino también de otro tipo, entre ellos multimedia. También tenemos fuentes de realidades efectivas peculiares en movimiento. Y también ideas, estímulos, pistas, etc.

Debemos empezar por recopilar información planteándonos en primer lugar el problema de las fuentes. ¿Dónde las encontramos? Es difícil decirlo de antemano, es necesario también cierta experiencia. Normalmente se distingue entre fuentes convencionales y no convencionales. Tengo la impresión de que para la composición cualitativa de los participantes en este seminario de coinvestigación será útil recurrir a menudo a fuentes no convencionales. En la medida en que esta distinción sea realmente válida.

Creo que una fuente privilegiada de coinvestigación (así como de co-exploraciones particulares) es la experiencia, la propia y la ajena: todos somos comunicadores y, por tanto, tenemos experiencias de comunicación más o menos complejas, estratificadas y jerarquizadas.

Más allá de nosotros, probablemente haya comunicadores «separados», de profesión, tal vez en grandes colectivos de comunicación, al igual que ciertos comunicadores transgresores o antagonistas, especialmente en ciertos colectivos cooperativos. He aquí algunas fuentes sobre comunicadores ya a nuestra disposición.

Experiencia

Incluso para esto es necesario recurrir a esa cosa tan especial y central —así como problemática para vosotros— que es la experiencia. No solo didácticamente y no solo como punto de partida o emergencia, sino como fuente que se desarrolla con la propia investigación.

Ahora no es el momento de adentrarse en el discurso sobre la experiencia. Sin embargo, como fuente de datos, información y conocimiento, el discurso sobre la experiencia puede ser breve.

Una observación al margen: aunque algunos de ustedes, equivocadamente, tuvieron la impresión de que los primeros encuentros con la perspectiva de esta investigación, así como los recuerdos de algunos momentos de vuestra experiencia, fueron desastrosos, casi deshonrosos, sigo convencido de que vuestra experiencia, sobre todo como comunicantes, os será útil y constituirá otra fuente importante.

*Los lugares de coinvestigación en sentido amplio
como fuentes*

Hay otra fuente que puede encontrarse en la investigación, quizá como fuente de fuentes. Especialmente para los coinvestigadores que se ocupan de la radio. Ser fuente de fuentes es el propio asunto de la radio. De alguna manera en esta coinvestigación sobre comunicadores vuestra Radio Blackout tendrá que ocupar un lugar. También porque, en la investigación, habrá que hablar de la radio, probablemente de muchas maneras. Esto no vale solo para la investigación exploratoria preliminar sobre la radio, sino también para la nueva licenciatura en comunicación.

Lecciones y conferencias

Otra fuente son las conferencias de esos señores que, en determinados contextos, vienen a hablarnos de comunicación. Repito, no debe tratarse solo de consumo más o menos colectivo, de espectáculo (vosotros estáis muy poco colectivizados, la verdad, y sois poco proclives a la socialización, estáis poco dispuestos o poco acostumbrados a comunicaros horizontalmente y a confrontaros productivamente, estáis fragmentados en microgrupos bastante cerrados). Será necesario extraer de inmediato información y conocimientos, además de las variables y de determinadas hipótesis. Y socializarlas, acumularlas en una comparación colectiva de selección, un tanto organizada, que hasta ahora espontáneamente no se pone en marcha. Pero también utilizaremos otras fuentes, de otra naturaleza. Ya veremos.

Estos son ya tres puntos disponibles y concretos de los que podemos recabar información. Luego harán falta otros y los encontraremos, caso de que haya verdadera voluntad de coinvestigar.

Técnicas de recogida de información

Evidentemente, hay técnicas particulares para cada momento y submomento de la investigación. En un segundo momento, se trata de recoger datos, información, conocimiento, con una modalidad particular que es principalmente cualitativa. Ahora, digamos por tanto algo sobre algunas de las técnicas de recolección típicas de la investigación cualitativa, más precisamente: observación participante, diario y memorias, entrevista en profundidad y entrevista guiada y focalizada, autobiografías o historias de vida.

Se trata incluso, en estos casos, de técnicas-tecnológicas, es decir, desarrolladas sobre la base de la ciencia aplicada y la racionalidad científica. Ya existen suficientes, y aún más en tendencia, técnicas hiperindustriales de recogida de información; a veces, quizás, se trate de una artesanía respaldada por medios técnicos potentes, como mencioné anteriormente.

Observación participante

Como dice la palabra, la observación participante plantea dos cuestiones: que sea observación, que sea participante. Lo que requiere que se sepa observar y luego que se sepa participar. Hoy, ciertamente, no son dos cosas fáciles.

Observación

He hablado ya mucho, incluso antes de entrar en este punto, de la importancia de saber observar para extraer las variables. Que se observe, que se sepa observar: esto que es también una de las dos formas de aprender, no es tan fácil. Pero también estamos aquí para formarnos, así que también aprendemos a observar. La observación participante es una fuente límite, porque ha sido desarrollada por doctos y notables científicos sociales, especialmente por antropólogos, más que por sociólogos. En apariencia es muy sencilla, existe una literatura sobre la misma que algunos de ustedes conocen incluso mejor que yo.

No me extenderé aquí sobre lo que es la observación en general. Basta decir por ahora que significa mirar con mucha atención, con cuidado, con una cierta sistematicidad. Creo que la actual precariedad de observar en vivo se debe a una erosión de la mirada en el meollo de lo vivo y, por tanto, de discernir. Por otra parte, se ha incrementado la capacidad de observar y descodificar imágenes, especialmente aquellas de movimiento físico. Pero la realidad no se agota en sus imágenes, ni mucho menos. Está de moda un superficialismo empobrecedor. Una cosa es realzar la superficie, y otra muy distinta sustituirla aplastando todo lo demás, es decir, quedarse con la cáscara y tirar la manzana.

Se requiere, por tanto, disponibilidad y una cierta apertura hacia los demás. El interés y la curiosidad hacia los demás y el otro, constituyen una condición importante para poder observar; porque si uno no está dispuesto a ver, no observa, ya que, repito, observar el flujo de lo vivo se ha vuelto difícil. En particular es difícil para los jóvenes. Los jóvenes, tal vez, ya no están entrenados para mirar, sobre todo para mirar lo que está inmediatamente vivo. Los jóvenes miran mucho a través de la imagen y miran mucho la imagen, tienen una enorme cultura de la imagen. Pero la gente viva no es solo su imagen, es también esa persona y ese conjunto determinado de personas, que viven según sus propias modalidades, comportamientos, significados, valores, propósitos, probablemente diferentes de los nuestros. Si todo esto no nos interesa y no nos concierne, no hacemos el esfuerzo de observar. Sobre todo si nos falta tiempo. Esto se interrelaciona con mis suposiciones sobre el declive de la experiencia, o al menos la falta de conciencia del hacer, del experimentar. Al fin y al cabo, la observación siempre requiere ser un poco participante. Por tanto, si se piensa bien, esto ya es estar dentro del tema de una investigación sobre la comunicación, porque si hay un problema con la dificultad de mirar las cosas esto ya nos lleva dentro de la cuestión del comunicar.

Participar

Si la observación en general requiere siempre un mínimo de participación, la observación participante por excelencia requiere mucha y de forma sistemática. No basta con estar en una situación, lugar, fuente y objeto de estudio; se requiere también de una inserción, aunque sea subjetiva, un mínimo de identificación con las formas de vida de los agentes humanos, ahora como comunicantes, estando y sobreviviendo allí interrelacionados entre sí y con su contexto, dotados y combinados de medios. Esto debe hacerse en contemporaneidad y compatibilidad con un cierto desapego nunca extinguido, en un adentro-afuera. Aquí es donde el uso de la memoria desempeña su papel central, en caliente. Se trata de una situación un tanto esquizofrénica, que no hace sino potenciar lo que debería ser (pero no es) una situación y una capacidad vitales normales. Requiere habilidades, experiencia, incluso una profesionalidad particular, que no es fácil y muy rápida de aprender, así como sensibilidad, etc.

También hace falta voluntad de participar: la falta de esta voluntad es un obstáculo subjetivo, paradójico, en quienes quieren hacer coinvestigación. A veces la cabeza quiere cosas que el resto del cuerpo no quiere o no sabe hacer. A menudo existe la falta de voluntad de los demás para ser observados, a aceptar incluso una relación para este propósito. Lo que se necesita es un co-interés, una implicación que ponga en interrelación sus propios fines. Y esto, en coinvestigación, es realmente básico.

Otro obstáculo para la participación

Un obstáculo particular para la participación hoy en día son los cierres, los búnkeres en microgrupos (todos iguales en el fondo, pero todos convencidos de su enorme diversidad). Es la ya mencionada identificación en oposición. Identificación de diferencias de estilos de vida, de la forma de ser, por la que se levantan altas barreras, vallas: falta de interés *a priori* o hacia los que están fuera. Esa es la cuestión: *a priori*. No hay interés en el interés. Como ocurre no pocas veces en el mundo de la juventud, donde, sin embargo, también se producen interesantes, ricas y fructíferas rupturas de esta norma. Es valiosa la viva curiosidad de los mayores. Hay separaciones y oposiciones generacionales. Uno es un año mayor y estos ya no le hablan porque afirman que ya es otra cosa. Uno oye: yo tengo diecisiete años, él diecinueve, así que no tenemos mucho que intercambiar. El mundo juvenil, sobre todo, está espantosamente destrozado y compartimentado. Y lo está artificialmente, por imitación en la identificación limitada a ciertas características que a los de fuera les parecen arbitrarias e insustanciales, pero que quien vive en ellas las encuentra naturales. Esto no ocurre por casualidad: hay una política detrás que separa, cierra, bunkeriza en las subculturas profesionales, de grupos y microgrupos, de edad, de generación o territoriales (identificación

territorial, localista, cada vez más en lugar de identificación de clase). Las identificaciones territoriales son aún
más llamativas hoy en día (Bosnia ofrece un ejemplo
bastante interesante de cierres territoriales recíprocos,
embrionariamente ya presentes en nuestras recientes
neoidentificaciones territoriales, en oposición). Esto
está ya en el nodo del comunicar.

Técnica utilizada por los antropólogos

La observación participante es propia incluso de aquellas personas y actores que son bastante destructivos
para las culturas y las capacidades humanas (a menudo
a pesar de las buenas intenciones), como son los antropólogos. Como vemos en tantos documentales y pelí-
culas, un buen día (sobre todo a partir de la segunda
mitad del siglo XIX) salían de casa en arduos viajes para
ir, por ejemplo, a una tribu de Papúa Nueva Guinea,
allí se quedaban tal vez veinticinco años, aprendían la
lengua y participaban en la vida de esos pueblos. Al
quedarse allí, observaban y participaban sistemáticamente. Se trata, pues, de una técnica más propiamente
antropológica.

Un resultado, aunque instrumental para la investigación, no era solo que los antropólogos aprendían
a vivir, a sentirse como papúes; sino que a su vez, los
papúes terminaban siendo menos papúes que antes,
ya que se volvían cada vez más parecidos al antropólogo. Este es el aspecto destructivo (más o menos inten-
cionado), porque la adquisición de lo nuevo (es decir,
elementos de nuestra cultura burguesa) ha ocurrido y
sigue ocurriendo reemplazando la cultura autóctona.
En muchos documentales, por ejemplo se ve que esos
indígenas (a los que yo llamo papúes por decir solo
un nombre) cuando llegaron los antropólogos estaban

desnudos, después de cuatro años de presencia de los antropólogos todos llevaban pantalones, y así todo. Se trata de una destrucción, podríamos decir, de la «autenticidad» de este objeto de consumo, muy espectacular, que es la vida de los primitivos; así que ahora aquellos que quieren observarlos no los encuentran igual de bellos y genuinos que antes, porque se los encuentran con pantalones cortos, con cacerolas de fabricación industrial, platos de plástico, etc., incluso en los lugares más remotos de Nueva Guinea (que parece estar en el confín del mundo).

Este esquema se ha extendido desde entonces en otras direcciones, no solo y no necesariamente hacia los pueblos primitivos. No implica por tanto la idea de diferente, de alteridad: voy allí donde son primitivos y diferentes, tengo que hacerme como ellos para poder comunicarme, captar información, conocimientos e imágenes, aunque solo sean verbales. Se hace observación participante incluso allí donde la presunción de lo primitivo, de lo diferente, no existe tanto; como en Turín, junto a nosotros. Para alguien que va a hacer observación participante entre nosotros, ni siquiera hay necesidad de salir de aquí.

Por tanto, estamos ya aquí: ¿para qué debemos entonces aprender a hacer otra cosa? Sin embargo, incluso aquí hay papúes y extranjeros: una multitud. Tal vez sean extranjeros todos los demás. Y a veces nosotros lo somos para nosotros mismos. Así que hay que ir a los demás, hay que aprender las lenguas precisamente para comunicarse y entender su comunicación. Hacer esto como apertura y disponibilidad a los lenguajes y estilos de los demás. Se plantea así el arduo y complejo problema de cómo conocer en la coinvestigación lo que hay en los demás, conocer y comprender la subjetividad de los comunicantes; al mismo tiempo también transformar y dar forma, ante todo, a la subjetividad, en particular mediante la transformación del contexto.

De nuevo la experiencia

No obstante, he dicho y repito que la observación participante, al comenzar a desglosarla, puede estar en este sentido muy relacionada con la experiencia. Y repito que en mi hipótesis de coinvestigación, la experiencia y la capacidad de experimentar están en crisis, en reducción, en declive. En este sentido, la coinvestigación no solo utiliza, sino que fomenta la experiencia, y mucho más.

Anotar sistemáticamente

Más adelante, a medida que avance, uno será capaz de entender algo más en conjunto. Pero este es, al menos al principio, el prototipo de recogida de información privilegiada sobre cualquier otra técnica. Al fin y al cabo, se basa en llevar un diario, y llevar un diario y escribir anotaciones ya forma parte de las técnicas cualitativas que pueden interesarnos, sobre todo especialmente si se hace de forma sistemática. He aquí el punto más delicado: la sistematicidad. ¿Cómo? Por ejemplo, con referencia a un modelo, apropiado un poco críticamente.

Si uno es militante y comunicador militante, ya se encuentra allí, de manera antagonista, y tal vez también en lugares particularmente significativos de comunicación, como suele ser el caso de los neomilitantes: se trata entonces solo de observar sistemáticamente, anotar, discutir y comparar con los demás, sistemáticamente, y llevar a cabo con ellos las operaciones, tareas y funciones de las que estoy hablando. No es más que un desarrollo sistemático del diario, pero se trata de un diario hecho con una sistematicidad particular. El diario es

una herramienta muy importante para la coinvestigación, así la observación participante se convierte en un
camino muy relevante.

Como enseña Maria Teresa Torti, la observación participante (al igual que otras técnicas de recopilación)
requiere contar con «mediadores» entre nosotros y los
demás. En nuestro caso, sin embargo, los mediadores
suelen ser militantes de ese sitio. Pero de forma relativa y particular, ya que deben ser parte constitutiva del
grupo articulado que lleva a cabo la coinvestigación, y
entran dentro del ámbito y la calidad de lo que yo llamo
investigadores descalzos. La coinvestigación, al fin y al
cabo, concierne principalmente a los militantes. Que
no son solo testigos privilegiados, sino que se desviven
por construir canales de comunicación para nosotros.

La observación participante es una forma de observar; pero observar significa sacar variables, saber clasificarlas, saber ponerlas en relación correlativa y causal,
o bien sacar las hipótesis, la información y los conocimientos; esto es, a partir de una observación sistemática de algún movimiento real, de la realidad en la que
uno está situado, esforzándose durante un tiempo por
estar allí más o menos de la misma manera que todos
los agentes que están actuando en esa realidad. Este es
el método primario, el camino real de la antropología.

Ejemplo

Me piden que dé un ejemplo. Esta tensión hacia los
ejemplos abstractos antes de empezar a trabajar prác-
ticamente me parece síntoma de una extraña ansiedad.
Cuando empecemos ya tendremos tiempo de ver, me
resulta lo más fácil y normal del mundo. Hubiera sido
más fácil ejemplificar habiendo hablado ya de la entrevista; así que leed el siguiente punto y luego volved

aquí. Es fácil comprender que la entrevista sigue un patrón, aunque el orden no tiene que ser necesariamente
el preestablecido y el orden espontáneo de los temas
en la entrevista hablada, su sucesión, ya resulta interesante. La entrevista debe ser lo más completa posible
porque hay una buena cantidad de temas; y en caso necesario, podemos añadir otros no previstos si parecen
pertinentes para ese tipo o aspecto de la comunicación.

Por tanto, hay un cierto patrón, es mejor no guardar-
lo en una hoja de papel, sino aprenderlo de memoria.
Muy bien.

La observación participante tampoco es cualquier
experiencia vivida: se hace para recabar información y
conocimientos. Por tanto, se acude con un cierto mapa
inicial provisional y preestablecido, con un esquema en
la cabeza, o incluso escrito en un papel, en el bolsillo
o en la mano. No se va allí con las manos desnudas y
menos con la cabeza vacía. Y uno se ciñe al esquema. Lo
que significa que uno debe haber realizado algún trabajo singular y colectivo antes de ir allí. Si uno ha tenido
experiencias espontáneas de este tipo de situaciones
en el pasado tanto mejor, porque ahora enriquecen la
observación participante y su registro. El esquema está
tomado de un mapa y sugiere un orden: no tanto de observación de temas, sino al menos o más bien de registro
de nuestras observaciones, consideraciones sobre lo observado y sobre la observación. Esta observación/regis-
tro debe completarse y ampliarse con nuestra inclusión
de aspectos, temas y tópicos que no habíamos previsto
y que en cambio, estando allí en la situación concreta y
participando en directo, nos parecen importantes.

Así, tanto la observación como luego el registro en el
diario de memorias y consideraciones no se hace al azar,
sino según variables; ya que los temas predefinidos contienen y se estructuran sobre las mayores y principales

variables del mapa/modelo y, por tanto, de ese campo/ sitio/situación; y según el orden y la sucesión preestablecidos. Así pues, si en la situación hemos planteado por iniciativa propia nuevas variables imprevistas (que propondremos al colectivo en la próxima reunión conjunta), también deberemos —a la hora de anotarlas en el diario— plantearnos cómo ponerlas mejor en la secuencia relativa, señalando con qué criterio lo hacemos. Cuando se esté en la situación también podemos tomar notas, pero la grabación propiamente dicha —de la que hay que informar al colectivo coinvestigador— es mejor hacerla después. Se harán algunos ensayos previos, con situaciones falsas. Esta grabación es siempre una síntesis, en la que interpretamos y asumimos la responsabilidad y la iniciativa de poder captar lo más significativo e importante sobre esas variables y desde el punto de vista de la coinvestigación colectiva, no desde el punto de vista de las manías y caprichos personales del coinvestigador/observador participante individual. Es obvio que no todo será óptimo, muchas cosas se escaparán y algunas, quizás, se puedan recuperar más tarde porque de todas formas las tenemos en la memoria, las hemos vivido. Por tanto, nada dramático. Cuenta la práctica, el entrenamiento, la profesionalidad; pero es mejor no ser tonto que serlo, no ser insensible, ciego y sordo que serlo. Esta práctica de investigación, y tanto más de coinvestigación, es en sí misma formativa: no solo en el sentido de la profesionalización, sino que también ayuda a hacerse inteligente y a comprender muchas cosas que antes no eran comprendidas.

¿Un ejemplo? Se puede poner un ejemplo que tenga que ver con algo que se considera juvenil, pero el discurso no está en absoluto reservado al mundo de la juventud, y mucho menos al mundo del espectáculo y mucho menos al de la música. Podría tratarse de una huelga de trabajadores mayores de la RAI. Supongamos ahora que acudimos durante tres días a una fiesta de Radio Blackout en conmemoración de Bob Marley, que al parecer sigue siendo absolutamente, en cierta zona juvenil, el que tiene más carisma (y me interesa mucho saber por qué). Está claro que, en este caso, la radio no es solo un lugar donde los coinvestigadores «externos» van a hacer coinvestigación: de hecho, es en sí misma una contra-agencia militante que desarrolla la coinves-tigación, por lo que, en el ejemplo, puede tratarse de autoinvestigación y de auto-investigadores. Yo mismo podría ser, y quizá a menudo lo soy, un auto-investi-gador en tanto miembro de la cooperativa Radio Blac-kout, o un miembro de una coinvestigación decidida por los miembros de esta emisora de radio, o algo más.

Voy allí para participar en la fiesta, pero también para participar en ella como parte de una coinvestiga-ción. Por eso no voy con la cabeza y las manos vacías. De hecho, tengo que observar en vivo en esta fiesta as-pectos preestableciados del tema de la comunicación en relación con una radio y con especial referencia a los comportamientos, las actitudes, los significados de los comunicadores, que son de categorías diferentes, utili-zan medios diferentes y comunican también de forma diversa: están los que tocan y cantan, los que saltan, bailan y se comunican, con la voz y con el cuerpo; los hay que intercambian impresiones sobre la música o las luces o sobre el público o sobre los policías que están allí vestidos como fans; otros que hablan de la recauda-ción de taquilla, del dinero que escasea, de los progra-mas futuros. Otros hablan de dónde follar o de cómo encontrarse después; otros son silenciosos y sombríos, y puede que incluso impasibles, pero su comporta-miento comunica muchas cosas. Otros, también muje-res, comentan los movimientos de una cuarentona que está en la calle; otros leen la letra traducida de una canción y consideran los aspectos ideológicos o el contexto político, en voz alta o en silencio. Y así sucesivamente. Diferentes nodos, cortes y temas de comunicación todos relevantes. Muchos. Normalmente demasiados: hay que seleccionar. Todo ello relacionado con las variables que el subcolectivo que se ocupa de la comunicación y la radio ya ha enumerado y archivado (en un archivo que también tenemos en casa, que hemos leído y estudiado más veces), y puesto en un mapa de relaciones (también causales) en un trabajo previo en el que ha participado el observador participante que va a coinvestigar la fiesta. Tal vez fueron en pareja y pueden trabajar juntos, intercambiar opiniones y consejos. Tal vez escuchen, canten, bailen, incluso toquen (el observador puede ser un batería), beban y coman, y disfruten también de otras sensaciones y emociones. Por supuesto. No siempre observan con desapego, al igual que no siempre memorizan con desapego, sino dentro y fuera. Intentan comprender algo de la participación de los demás, sobre todo en particular de las dimensiones comunicativas y un poco ligado al hecho de que tiene que ver con una radio de cierto tipo. En la situación, el coinvestigador puede tener incluso momentos de total abandono, tanto mejor. Sin embargo, también sería bueno que algo de esta experiencia volviera al colectivo, e incluso pasara por alguna forma de grabación. ¿Está claro?

Así el observador fiestero extrae las variables comunicativas y particulares sobre los comunicantes en esa fiesta de la radio, según el esquema y el mapa que ya las contiene y en orden. Enriquece aquello que ya conoce y lo que se conoce en el colectivo, añade información y conocimiento sobre las variables ya mapeadas y tal vez encuentra otras nuevas. En un momento determinado le viene a la mente o echa un vistazo al folleto en el bolsillo y se centra, por ejemplo, en el «lenguaje»: una variable importante en esta coinvestigación, que es problemática de observar directamente, y que se le había olvidado. Luego, durante un rato, se concentra en observar aquello que hay de visible o perceptible en el lenguaje. Ciertamente, en la comunicación hay lenguaje, el lenguaje está incluido en la comunicación (¿o es al revés?). Pero hay muchas comunicaciones circulando allí, en curso: por tanto, muchos lenguajes. ¿Demasiados lenguajes? La cuestión es que en el esquema, en el mapa, siempre hay demasiadas cosas y es necesario seleccionar el núcleo de la situación. Están así en proceso, en movimiento allí alrededor, muchos sistemas de signos interconectados e incluso algunos símbolos. Los signos están incluidos en el lenguaje (¿o viceversa?). Por ejemplo, Marley sigue haciendo bailar a la gente, sigue haciendo mover los cuerpos. Todavía induce a la gente, incluso a la gente más o menos inhibida, a vivir y mostrar sus cuerpos en movimiento, y el movimiento de sus cuerpos. Incluso a entregarse a su propio narcisismo. Y los cuerpos se mueven (más o menos conscientemente) en un movimiento que también es comunicativo y tiene muchas dimensiones. Muchas. Bailan moviendo el cuerpo, sobre todo la pelvis. El cuerpo es una variable. El cuerpo de los signos y el cuerpo-signo, un modo particular de esta variable, que tiene que ver también con la comunicación. La pelvis es una parte del cuerpo, a su vez es una pelvis-signo, un lugar y un medio de signos y una pelvis-simulacro, ¿una pelvis símbolo? ¿Cómo y por qué se mueve esta pelvis, para comunicar qué, cómo, porqué, cuándo? ¿Y cómo este movimiento de la pelvis se relaciona con la radio, tiene algo que ver con ella? Se descartará lo más obvio y conocido y se centrará la atención en lo que en el movimiento comunicativo de la pelvis les parece más significativo e interesante desde el punto de vista de la coinvestigación de un sitio/radio. Se deberá tratar de pasar así por alto ciertas peculiaridades de un individuo y se deberá comenzar a prestar atención a lo que se encuentra típico o recurrente. He aquí un problema y una gran contradicción de la ciencia social galileana que surge en el movimiento de una pelvis, es decir, de un culo. Bien. ¿No es suficiente ejemplo? Es más o menos el caso de todas las demás técnicas de recogida.

Otras dos técnicas cualitativas: la entrevista en profundidad y la entrevista

Otras dos técnicas cualitativas muy significativas son la *entrevista en profundidad* y la *entrevista dirigida*. En profundidad no significa que nos adentremos en las profundidades de la persona en el sentido psicoanalítico,[2] sino simplemente que profundizamos al hablar con alguien sobre una determinada situación. Se hace también para enfocar. De hecho, se puede llamar *entrevista focalizada*, es decir, hecha sobre la base de temas preestablecidos por nosotros y para nosotros que entrevistamos (sin que necesariamente el entrevistado o el comunicante con el que conversamos esté informado o educado al respecto). Temas claros en la mente del entrevistador, que permite que el entrevistado hable libremente siempre que se mantenga dentro de los temas de interés; si se aleja demasiado de ellos el entrevistador debe traerlo de vuelta sin bloquearlo. La sucesión no tiene por qué ser la que hemos previsto, ni mucho

---

[2] En el singular profundo no encontramos realmente la sexualidad y en términos de mónadas individuales. Ya en Freud, la sexualidad misma es un signo y también una metáfora de la socialidad, de la tensión con los otros, de la relación con los otros. Somos animales sociales. Como sugería Calvino, en el fondo está la manada, está el vínculo con los demás: ¡lo contrario de lo monádico!

menos la predeterminada por nosotros, al contrario: hay que guiar la conversación, continuamente, pero sin interrumpir su flujo espontáneo y también sin perder el orden espontáneo, al menos en una primera parte, interfiriendo lo mínimo.

Sin embargo, llegados a un punto delicado, la coin-vestigación coge un camino diferente de la investigación sociológica y antropológica. ¿Cuándo? Se trata de otro gran pequeño problema. Sin embargo, incluso a propósito, en oleadas sucesivas y progresivas, uno puede ser cada vez menos neutro en el fondo, y volverse más dialogante e incluso más dialéctico, uno puede insertar otros puntos de vista y proponer otros argumentos, incluso oponerse al entrevistado convirtiéndose en interlocutor. Es decir, se puede ser mucho menos seductor que los investigadores profesionales, convirtiendo la conversación en un diálogo, una discusión, un enfrentamiento, que puede llegar a ser acalorado e incluso traumático. Al fin y al cabo, los militantes siempre han actuado así.

Interlocutor: yo también considero interlocutores a los lectores de mis escritos/máquinas, ¡pero no lo son, por desgracia! Hay un gran problema de escasez, de falta de interlocutores adecuados y de contra-micro-cooperaciones. Por tanto, no solo se requiere destreza, profesionalidad y experiencia, sino también una metaexperiencia de cierto tipo; porque en este punto debemos ponernos en juego con nuestra subjetividad (aunque no tanto como se requiere en la sesión psicoanalítica). E incluso con ciertas ideas un poco fundadas en el camino de la liberación (¿común, o susceptible de convertirse en tal?), pero también de antagonismo, dada la forma del sistema capitalista, más o menos aceptado. Este «aceptado» me recuerda el poema de Éluard que en 1964 (otros tiempos) Tronti había publicado en *Classe operaia* y decía: «A lo que es aceptado / dale el fuego de tu odio».

La entrevista en profundidad se asemeja así inicialmente a una conversación que mantenemos, teniendo cierta conciencia y conocimiento, con una o varias personas simultáneamente: hay un conversador sistemático que sabe —o cree saber— a dónde, al menos de forma inmediata, quiere llegar y sabe lo que quiere conseguir con ello; que ha llegado hasta allí con un esquema confeccionado según el modelo. Puede que crea saber a dónde quiere llegar aunque sea remotamente, pero le faltan no solo los puntos de partida y de conexión más concretos, sino también a menudo los momentos intermedios del camino que ha imaginado de manera sumaria, con objetivos siempre provisionales y abiertos. Hace la entrevista basándose en el modelo abierto e *in fieri*; él y los demás coinvestigadores se han inventado un esquema (relativamente abierto y revisable) a través del cual conversa con la gente, pero sabiendo lo que quiere sacar de esa conversación y, por tanto, guiando. Y los interlocutores son en cierto modo guiados por él. Pero de un modo que no excluye las sorpresas y los imprevistos, incluso chocantes; porque precisamente esos imprevistos pueden ser los hallazgos o los productos más fructíferos.

La ciencia social galileana se mueve en la contradicción entre su confianza en la abstracción, la idealización, la recurrencia y la manipulación de las situaciones, incluso en la tipicidad, aunque sea mediante abanicos de diferentes tipos ideales, y el aspecto de singularidad irrepetible que no solo las situaciones reales de los sujetos, tanto más cuanto que son supuestamente «autónomas», sino que las personas que se mueven en ellas suelen reclamar y defender obstinadamente. Por tanto, solo un meta-objetivo real y seriamente común puede superar este limite inherente; sin embargo, si el interlo-cutor es consciente de ello, se hace cargo a su vez ciertos de problemas de la cientificidad y de su poder, en tanto también le sirven a él mismo. En cualquier caso, la in-vestigación científica cualitativa previa sobre el ser hu-mano ofrece artilugios y actitudes no solo para sortear o limitar esta contradicción epistemológica, sino para transitar dentro de ella.

Se pueden observar, especialmente desde la pers-pectiva de la coinvestigación, similitudes entre la ob-servación participante y la entrevista dirigida. No son mutuamente excluyentes; al contrario, se combinan bien juntas, aunque no sin dificultades particulares. Por un lado, no se debe influir y es conveniente mantener una relativa neutralidad para conocer la verdad; es ne-cesario llevar a casa al menos los conocimientos que se requieren y que teníamos preestablecidos (en común con los otros coinvestigadores), además de otros que nos parecen importantes en el momento, que nos cho-can, rompen nuestros prejuicios, estereotipos, tótems y tabúes. Pero, por otro lado, hay que influir y co-trans-formar. Así que se requiere experiencia, sensibilidad e inteligencia para mantenerse en el filo de la navaja, u oscilar en el justo medio, haciendo los dos opuestos a la vez: normalmente primero uno y luego el otro, o alter-nándolos continuamente (lo cual es más difícil). Repito esto porque es importante: en la coinvestigación tam-bién se pretende influir, pero entonces, el investigador debe ser capaz de distinguir entre el momento en que observa una realidad y el momento en que intenta in-fluir y modificar esa realidad. El amor y el odio se mez-clan, ¡pero no son lo mismo!

La entrevista no es solo una forma de conocer la rea-lidad, sino también una forma de transformarla. Esto lo han entendido también aquellos que se dedican a hacer estudios de mercado y que envían a alguien a entrevistarte sobre la mayonesa o los caramelos, no solo para saber qué mayonesa o qué caramelos prefieres, sino porque a través de las preguntas (como sostiene Baudrillard) la entrevista influye enormemente en la persona, que nunca había pensado en esa cosa, así el entrevistador se mete en la cabeza de esta persona. A ella puede que le entren ganas de comer mayonesa o de saborear caramelos. Ahí radica la importancia de saber captar y distinguir aquellas cosas que antes le importaban un bledo: en realidad, al producir y recabar información, le vendo mis productos, porque a partir de ese momento tendrá ese problema e irá a buscar el producto para solucionarlo, por lo que la propia investigación de mercado a veces se hace inmediatamente para vender, no para conocer. Hoy, la publicidad está dentro de un gran meta-marketing y la exhibición de la investigación entre ciertos sectores medios promueve la venta. Sin embargo, este no es solo el caso de las investigaciones de mercado, sino también de la investigación científica, especialmente de la investigación aplicada y específica (véanse las distinciones que hace Almondo en la revista *Sisifo*). Precisamente por esto mencioné, al principio, las distinciones que hace Elkana entre el cuerpo cognitivo de la investigación y su imagen, hablando también de la retórica de la ciencia: es decir, de su capacidad no solo de legitimación, sino de persuasión. Por tanto, siguiendo los pasos de Heisenberg, la prerrogativa de la búsqueda de la transformación inevitable directa e inmediata de los fenómenos que se observan.

Esto ocurre incluso cuando el investigador no lo desea y se cree neutral. La investigación puede ser así transformadora de una realidad. Pero también es necesario que se conozca la realidad que se quiere transformar: hay siempre así un aspecto cognitivo y un aspecto

transformador. La coinvestigación trabaja conscientemente precisamente sobre y dentro de esto; no consi-
derándolo meramente una limitación, sino también un
recurso.

Otras dos técnicas: diarios y memorias, autobiografías
o historias de vida

Otras técnicas (o quizá solo una) son, por ejemplo, la
recopilación de diarios, memorias de otros o incluso
historias de vida, o elaborar junto con un testigo privilegiado su autobiografía, o momentos de una historia
de vida, o en cualquier caso reconstrucciones de algo
que le concierne a él mismo.

La autobiografía fue muy utilizada por Danilo Montaldi (así como por mí y otros) en las míticas coinvestigaciones embrionarias de los años cincuenta. En las
primeras coinvestigaciones sobre los militantes, sobre
la militancia. Es muy interesante, pero también problemática, esta famosa colección de autobiografías, que
hoy parece fascinar a los jóvenes: ¿por qué se interesan por la vida de los demás, en particular de los militantes? Este interés no es algo natural, sino un poco
paradójico. Considero que este interés es problemático
sobre todo en el mundo de la juventud, no solo porque
los jóvenes tienen poca historia, en tanto han vivido
poco, sino porque la hipótesis es que han experimenta-
do poco, no solo por sus pocos años de existencia. Más
aún por la suposición generalizada de que tienen poca
memoria: se trata de una cuestión compleja, habría que
profundizar y comprender lo que significa. Además, a
menudo los jóvenes dan, o tienen, la impresión de que
no se dan cuenta de la experiencia que siguen teniendo,
que no saben percibir su propia experiencia y mucho
menos la formación que se requiere y que tienen para

darse cuenta. Hace años se decía que los jóvenes eran «afásicos», es decir, que verbalizaban poco o nada: en mi opinión eso no era cierto, era solo una cuestión de cómo y cuándo hablaban. Por otra parte, la gente ni siquiera se da cuenta de que son así porque así es como se les ha educado, ¡y lo niegan!

A veces disponemos de historias de vida, escritas o grabadas, acompañadas de documentos de todo tipo (multimedia). Hay personas que ya tienen sus memorias, solo hay que conseguirlas o copiarlas. O ayudar a una persona a escribir sus memorias. O escribir junto con una persona, construir junto a ella la autobiografía, la historia de su vida. Se trata de otra técnica cualitativa, especialmente importante allí donde se busca la comparación histórica a lo largo del tiempo, para detectar las diferencias cualitativas entre situaciones en momentos diversos, porque hay una historia, por tanto, hay un pasado que se quiere comparar con el presente. Sin embargo, la historia de vida nos permite captar precisamente la transformación que tiene lugar en su procesualidad. La cual es la procesualidad de una subjetividad, sí, pero inserta en un contexto, también material; por tanto, nos muestra al mismo tiempo la procesualidad de un sujeto, de un agente y de una persona, pero también del contexto, también material, en el que se movía y en el que se producía la transformación subjetiva. Debemos poner atención en la interrelación dinámica, la circularidad decisiva, entre la persona en su procesualidad, la personalidad, y su contexto, que también llamo material en su procesualidad. Nunca separar estos dos polos, nunca aplanarse en la unilateralidad: ayer solo del lado de las condiciones materiales externas, hoy del lado opuesto de la personalidad monádica, encerrada en sí misma, en su separación. La lucha, por ejemplo, se mueve y opera, se transforma, siempre en esta circularidad procesual. Aquí, el individualismo metodológico exasperado lo distorsiona todo, sustrayendo a la gente de los movimientos y los proyectos colectivos que aún están presentes. Incluso el método el individualismo metodológico debe encontrarse e interrelacionarse con el colectivismo metodológico, pero ambos son contextualizantes, en este sentido ecológicos.

Pero atención, recopilamos las autobiografías para ponerlas en circulación y publicarlas tal como son, es decir, ofreciéndolas eventualmente para el análisis de un lector considerado con mucho optimismo como un coinvestigador difuso. Así pues, no las entregamos para un mero disfrute literario o recreativo, o incluso solo educativo; en tanto debemos contribuir a que el lector general pueda también seguir su investigación hasta el final, pasando por los seis momentos. ¿O, por el contrario, las consideramos como una fuente, una herramienta de recopilación de información y conocimientos, que procesamos junto con los demás y luego utilizamos para nuestro propio informe o discurso? En ese caso, también tenemos que pasar por los otros cuatro momentos, idealmente sucesivos, de la coinvestigación. Y hay compromisos, como publicarlos con un comentario al principio o al final, o adjuntarlos a nuestro discurso. Depende.

Moral

Estas son, en mi opinión, las técnicas cualitativas más ricas e interesantes. Repito una vez más que no están en contradicción con las técnicas cuantitativas, las cuales no excluyo. Lo que digo es que el núcleo del método es un uso peculiar de las técnicas-tecnologías cualitativas, porque también estas técnicas se están convirtiendo poco a poco en tecnologías sistémicas. Y las más poderosas y también las más ricas son, en mi opinión, estas; a pesar de su evidente artesanía (¿o gracias a ella?). Luego puede que haya otras.

También existen otras técnicas más sofisticadas, que ya utilizamos en las investigaciones de los años setenta y que estudiaremos más adelante. Me parece que todas son combinables entre sí. Todas más o menos implican estar presentes en la realidad en movimiento y quizá también ser agentes de ese movimiento y esa transformación. Esta es una de las dos características de la coinvestigación que merece la pena destacar. Repito recalcando: la coinvestigación no es solo reunir a personas con distintas competencias, especialistas con investigadores de a pie y con cualquier testigo o con cualquier agente que sea la expresión de una situación dada, de modo que simplemente reunimos diferentes niveles de capacidad. No es solo esto: es también reunirlos en un tipo de investigación que actúa dentro de una realidad en movimiento, que acciona ella misma y conoce, incluso controlando sistemáticamente, las consecuencias de su transformación, de su transformar sistemático, consciente y controlado. Y con un proyecto y una actitud políticos: primero en el sentido de que remite a una politicidad intrínseca de las situaciones en las que se mueve, luego en el sentido de lo político, es decir, que también las reconduce a la esfera político-institucional y a la lucha dentro de la misma.

3
Otros

Por ahora me he limitado a profundizar un poco sobre los dos primeros momentos del proceso de investigación. Volveremos a los otros cuatro cuando la investigación ya tenga sus contornos definidos. Repito, sin embargo, que estas discusiones abstractas y aquellas previas a la realización práctica de la coinvestigación, en común, por lo tanto, al margen de su experiencia real, son solo una referencia metodológica inicial, porque el verdadero análisis y debate en profundidad sobre este método —y la coinvestigación del método en sí— tendrá lugar en la práctica de la coinvestigación en curso, comenzando con la práctica de la primera coinvestigación anual. Las hipótesis que he planteado hasta ahora son, por tanto, únicamente hipótesis de método.

Retomemos rápidamente algunas cosas que parecen requerir ahora más palabras, sin un orden inmediato

Los jóvenes y la coinvestigación: algunas hipótesis

Hipótesis: los jóvenes no son grandes innovadores. Solo buscan apropiarse de las herencias recibidas, con perspectivas que pueden parecer transgresoras o

rebeldes, pero solo en apariencia. Al menos así lo hacen muchos que (al menos en apariencia) son rebeldes
y transgresores.

Otra hipótesis: estos jóvenes suelen por lo general
situarse en dos extremos: el conformismo (a menudo
disfrazado) o el compromiso voluntario con el reformis-
mo, que en la actualidad es especialmente defensivo.
Resulta difícil que acepten perspectivas que requieran
un largo empeño que no tengan resultados prácticos
inmediatamente evidentes. Por otro lado, aquello que
más les motiva es la necesidad de pertenencia, estar en
la onda y en las relaciones con las cuales se identifican.
Debido a la gran necesidad que tienen de pertenecer a
«su» mundo, es decir, de ser idénticos en la diferencia,
de ser reconocidos, a menudo van detrás de otros como
«ellos», por lo general, detrás de un líder.

Otra hipótesis: con frecuencia buscan seguridad en
las identidades fuertes, que en el fondo son tradicionales. La coinvestigación resulta problemática. Es más
fácil reciclar en procesos de coinvestigación a viejos militantes: una parte de estos, la mejor (es mi opinión y
nada más), está dispuesta a morir y renacer, siempre
llevando a cabo coinvestigación. Los jóvenes, por lo
general, hipotetizo, son poco propensos a la investigación, como singularidades, es decir, fuera del microgrupo de identificación y del grupo de referencia que les
atrae. Como ya sabéis, yo hipotetizo que los jóvenes se
encuentran incómodos ante los problemas abiertos y
quieren escapar de estos problemas (de la angustia y
la ansiedad que esto puede llegar a conllevar, especialmente en tiempos duros y deprimentes para la lucha
de clases) buscando seguridad incluso en la rebelión.
La coinvestigación, por tanto, no parece hecha para
los jóvenes. Por otro lado, también hipotetizo que los
jóvenes aceptan la propuesta del sistema capitalista

neo-moderno (muy apreciado por las nuevas clases medias) de descomponerse en pequeñas piezas, que son sistemáticamente funcionales y que están dispuestos a optimizar el estatus de estas partes separadas, performativamente; por suerte, contradiciéndose y teniendo muy poco éxito. Esto supone un problema. Son hipótesis que se hacen pensándose como hipótesis nulas, para ser desmentidas, o al menos con dicha intención. Sin embargo podemos tener una meta-hipótesis de que una nueva generación, muy diferente a la anterior, vendrá a desmontar precisamente estas actitudes hipotéticas.

De hecho, algunos jóvenes ya se han interesado por la coinvestigación, en un punto de su trayectoria vital.

Han buscado dialogar con alguien diferente a ellos, un viejo, como yo.

Subjetividad

Ya hemos señalado la cuestión sobre el interés de conocer mejor aspectos y dimensiones subjetivas del hiperproletariado tanto individual como colectivo. De esto hablo en la propuesta de coinvestigación publicada en mi libro *Sul Comunicare*. Y llegado este punto se nota, o debería notarse, también en este nodo, que tengo un interés por el tema de la formación. Bien. Se tratará de profundizar rápidamente sobre la posterior curvatura del método de la coinvestigación con la intención de conocer mejor, provocar, mover y contra-formar la subjetividad hiperproletaria, de los neomilitantes, así como colectiva. Pero de la forma que siempre he tratado de precisar: la subjetividad en su contexto y la transformación de la subjetividad mediante la transformación de su contexto. Esto nos debería impedir caer, en las sucesivas correcciones del método que llevemos a cabo, en ciertos subjetivismos neorrománticos (más o menos espiritualistas).

Periodización

Ya me he referido, por ejemplo en lo que respecta a las autobiografías, al hecho de que todavía en la coinvestigación la memoria tiene un peso, el choque en el tiempo con situaciones precedentes, pese a que nosotros estamos más interesados en la perspectiva del presente/futuro. Por tanto, pueden surgir rápidamente problemas de periodización, de saltos temporales, en el arco que implica el proceso histórico que nos interesa, partiendo precisamente del presente/futuro. Debo volver a remarcar que la periodización se ve alterada de acuerdo con las variables, respecto a las cuales tiene lugar el proceso. Por otro lado, en mi modelo publicado, propongo una serie de fases dentro de la civilización y la época capitalista, así como distintos periodos dentro de esas fases; esto es, propongo mi propia periodización.

4

Decisiones colectivas: ¿democracia?

Ya nos hemos encontrado con el problema de la difícil coexistencia de una dirección colectiva y no delegada en el camino de la investigación, sobre todo en lo que respecta a las hipótesis de mérito, con las capacidades horizontalmente diversas que, en el mismo plano, al menos al comienzo son coexistentes y que también combinan niveles de capacidad profesional que son cuantitativamente diferentes, sobre todo y en particular en lo que respecta a las co-encuestas anuales y las investigaciones individuales, que de vez en cuando se decidirá llevar a cabo. Solo debo añadir que una democracia directa en el interior del grupo abierto de los coinvestigadores y en su intercambio con los militantes debe mantener siempre una dirección estratégica; de vez en cuando, la ejecución del plan de investigación se apoya en momentos organizados temporalmente y *ad hoc,* especializados de forma funcional, la profesionalidad es un vínculo que (al menos al comienzo) cuenta funcionalmente, pero no se debe de transformar en poder de decisión más allá de ciertos límites.

Recuerdo que el modelo organizativo debe ser artesanal pero favorable al uso crítico de medios hiperindustriales potentes. Esto conlleva una inventiva permanente y experiencial, aunque también momentos de repetitividad, monotonía y puede que hastío: es el precio a pagar por el uso de las técnicas-tecnologías. Siempre se tratará de experimentar un uso crítico y alternativo de estas herramientas potentes y potenciadoras, que debe exigir pero también otorgar un enriquecimiento de las capacidades y reducir o circunscribir la monotonía.

La experiencia de la investigación políticamente orientada muestra que el método mismo revela a la vez la línea, sobre todo donde esta cuestión concierne a la organización política. El modelo organizativo conlleva una línea política implícita. Y esto para nosotros tiene un significado que no es pequeño.

No se propone la coinvestigación como un emocionante lugar de placer superficial. Es un camino con momentos de fatiga e incluso de hastío para quien quiera recorrerlo, porque considera que este mundo es invivible y por tanto quiere transformarlo en la dirección de sus deseos insatisfechos (esta es la gran motivación que guía a los coinvestigadores). Y para ello también estará dispuesto a pagar los costes. Si uno ya es feliz en el capitalismo y lo disfruta suficientemente, la coinvestigación carece de interés.

5
Coinvestigación y formación, de nuevo

El eje de esta coinvestigación y de aprender a hacerla, en este colectivo, son los comunicantes en su contexto. Sin embargo, la formación que he propuesto estratégicamente como mi interés principal y que he propuesto como punto focal, resulta también importante aquí en dos sentidos: primero, porque tenemos un problema con nuestra formación en coinvestigación y en la realización de coinvestigaciones individuales; segundo, porque aún privilegiamos una dimensión formativa de la comunicación. Por tanto, situamos la coinvestigación como una importante experiencia que arroja luz sobre el nodo formativo.

Formación en la investigación

Formación a la hora de coinvestigar e investigación ante todo metodológica; pero no solo.

¿Cómo se aprende a coinvestigar? Existen tres vías para aprender. O mejor, dos, de las cuales una se subdivide en dos vías distintas: una que está vinculada de forma estrecha con la experiencia directa, la imitación de otros a través de la práctica; la otra, con la conversación en la práctica con quien posee mayor experiencia, capacidades y profesionalidad. Son dos sub-vías experienciales y de interrelación humana, y esta última es una forma cálida. En cambio, el aprendizaje de los medios-herramientas, que es la otra vía, es un camino frío, que desarrolla nuestra combinación con los medios-herramientas, desarrollando/potenciando nuestra capacidad. Medios como manuales, *software* didáctico, contenidos multimedia, sustitutivos o informatizados, son harina de otro costal. Nosotros más bien nos basaremos en la primera vía, pero en ciertos casos no rechazaremos *a priori* el uso de cualquier medio-herramienta frío de formación en la encuesta, como este escrito metodológico sobre seminarios orales que posee una dimensión artesanal. He aquí un ejemplo de un tipo particular de mediación: de hecho, considero que los medios-herramientas son susceptibles de un desarrollo diverso al de su uso sistémico (hostil) y capitalista.

Acercamiento cálido

Dos apuntes sobre el camino cálido. Esta vía se basa en la interrelación y el intercambio entre coinvestigadores con diferentes capacidades y niveles en lo que se refiere a distintas partes o aspectos singulares. En general se puede proponer como un camino de enriquecimiento experiencial de nuestras capacidades, involucrando a los militantes en la organización de algo que ya forma parte de la organización política. No insistiré más por ahora. Una segunda parte de estos seminarios metodológicos tendrá lugar dentro de varios meses. Retomaremos entonces el discurso sobre el método de la coinvestigación.